白井哲哉

資料の救出から地域への還元まで

災害アーカイブ

東京堂出版

第二部　災害アーカイブから考える

序

被災と活動の開始

第一章　資料救出活動の開始から茨城史料ネットの設立へ

——三・一一から七・二へ

東日本大震災に伴う茨城県内の被災資料救出については、当初より活動の中心メンバーである茨城大学の高橋修氏から四月一日の緊急レポートが関係者へ配信され、それに基づく速報レポート（高橋修「速報東北関東大震災における茨城の被災状況」『多摩地域史研究会会報』九八号、二〇一一年五月三一日ほか）も公表されている。以下では、高橋氏と活動に携わってきた筆者の立場から、三・一一に始まり七・二の茨城史料ネット設立に至るまでの諸活動とその経緯を紹介する。

一　被災資料救出活動の開始

三月一一日、筆者は筑波大学春日エリア研究棟で東日本大震災に遭遇した。交通機関・電気・水道・ガスが県内のほぼ全域でストップし、研究室で一夜を明かした。全店舗が閉鎖、市の炊き出しは地域住民分しか用意がないと言われて配給食糧を入手できず、近所に住む懇意の大学図書館職員に食べ物を分けてもらって空腹を凌いだ。翌一二日午後、つくばセンターとJR取手駅の間をその日だけ運行した臨時バスに乗車し、埼玉の自宅へ戻ることができた。しかし震災直後の五日間は原発事故に怯えつつ自分たちのことで精一杯、次の五日間は校務（後期入試および卒業式の中止）等への対応に追われて過ごした。

意識が被災資料へ向き、県内外の知人へ被災状況を問い合わせるようになったのは三月二〇日以降である。同二四日、歴史資料ネットワークの松下正和氏から茨城県内の資料救出活動を尋ねるメールが届き、心当たりの大学関係者数人へ問い合わせた。すると二五日、茨城大学の高橋修氏から活動を開始する旨の返信をいただいた。当時すでに高橋氏は、高村恵美氏や前川辰徳氏ら茨城大学中世史研究会のメンバーと共に、県内の被災地視察および情報収集を進めていたのだった。二七日には、被災地へ向けた資料保存お願いチラシの案文が高橋氏から届き、そこに若干の修正を加えたチラシが二九日頃から配布され始めた。これが資料救出メンバーにとっての七月二日へ至る活動の起点であった。

三月二八日頃から埼玉県内でガソリンの入手が可能になり、筆者も二九日に被災地の視察を開始した。三一日には、文化庁による「東北地方太平洋沖地震被災文化財等救援事業（文化財レスキュー事業）」の策定を報道で知り、このスキームを茨城県で適用できないかと考えた。

かつて茨城県では、市町村を会員とする茨城県市町村史料保存活用連絡協議会（茨城史料協）が活動していた。このような都道府県単位の協議会は、埼玉県や群馬県などで十数団体が現在活動しており、新潟県中越沖地震など近年の災害では、自治体の枠組みを越えて情報交換と救出活動を支援する行政のスキームとしても機能している。だが、茨城史料協は会員市町村の減少等で二〇〇九年（平成二一）に活動を停止し、その機能を継承する組織はなかった。資料救出活動を円滑に進める上で県や市町村との連携は不可欠なので、新たな行政の枠組みが構築される必要を覚えたのである。

そこで、茨城県立歴史館を通じて茨城県教育庁文化課にアポイントを取り、四月五日に高橋氏と筆者が県文化課を訪問した。この時の目的は二つだった。一つは前述の資料保存お願いチラシを県から全市町村教育委員会宛てに配布して、被災資料の情報提供および保存意識の啓発を呼びかけること。もう一つは県に対し「文化財レスキュー事業」に基づく行政的スキームを構築してほしいとの要請である。

前者については、同日夜、チラシおよび写真資料救済の依頼文(県文化課作成)が全市町村へメール配信された。この迅速な対応の背景として、三月下旬、歴史資料ネットワークから県文化課宛てに資料保存に関する依頼FAXが届いていた意味は、決して小さくない。

後者については、翌週に県文化課と文化庁が打ち合わせた結果、大規模なスキームは必要なしとの結論に達した。しかし、この訪問を契機に県文化課と資料救出活動メンバーとの連携関係が始まった。五月二四日には、土蔵解体の際に市町村教育委員会の立ち会いと情報提供を求める依頼文(原案は高橋氏)が、県から市町村教育委員会宛てに出された。なお後述の緊急集会では、県教育委員会および県立歴史館の後援を得ることができ、開催案内が県から全市町村へ通知され、県からの報告二本が用意された。

四月四日、保存科学が専門で、独自に被災地の文化財や博物館施設の調査を進めていた松井敏也氏(筑波大学)から協力のお話をいただいた。同六日には資料救出メンバーへ要請のあった北茨城市の野口雨情資料館の津波被災資料について、松井氏や高村氏らが調査を行った。もっとも、資料保存お願いチラシに対する自治体や地域からの反応は、四月中にはほとんど届かなかったのが実態である。そこで資料救出メンバーは独自に市町村を訪問して、被災資料に関する情報収集に努めた。

五月六日、鹿嶋市教育委員会および県文化課から、鹿嶋市内で津波に被災した寺院資料の救出依頼が届いた。これは、被災した市指定文化財の仏教絵画について同三日に文化庁と東京文化財研究所の緊急調査が行われていたもので、その後の措置についての依頼だった。一二日、高橋氏、前川氏、松井氏、筆者で調査に向かい、直ちに作業を開始した。この詳細は第五章で述べる。鹿嶋市における五月一二日の活動は当時の資料救出メンバーにとって最初のミッションの一つとなった。

二　茨城史料ネットの設立へ

五月二二日、歴史学研究会大会における東日本大震災の緊急集会会場で、高橋氏から茨城県における緊急集会開催の提案を受けた。そこから七月二日の集会開催までの準備は、ひとえに高橋氏の努力によるものである。また、この準備を通じて、新たなネットワーク組織づくりがメンバーの間で構想されていった。

六月に入ると、旧家の土蔵解体が進み始めたことも一因か、資料救出の依頼がいくつも寄せられてきた。常陸太田市では中性紙保存容器など救出作業に必要な物資が早急に必要となったが、まだ資料救出メンバーには自前の資金がなかった。この時は新潟歴史資料救済ネットワークの矢田俊文氏の紹介により、六月七日に新潟県立歴史博物館と新潟市立歴史博物館から物資の提供を受けた。それ以前の五月二四日には、NPO法人文化財保存支援機構から水損資料救出用のペーパータオルの提供を受けている。六月一二日、歴史資料ネットワークから義援金の提供を受けて、これ以降の救出活動や七月二日の緊急集会にかかる経費はこの義援金で賄っている。改めて全国の皆様に感謝と御礼を申し上げたい。

その後は、北茨城市や水戸市で土蔵解体の際に資料を救出し、六月下旬には大洗町役場で津波被災公文書の救出作業が始まった。だが、筆者自身はこの間の作業にほとんど参加できていない。同二九日、常陸太田市で救出された襖下張り文書の取り出し作業を行い、これが『茨城新聞』等で報道された。資料救出メンバーにとって最初の報道事例である。

そして二〇一一年（平成二三）七月二日（土）、茨城大学を会場に、茨城県内の被災資料救出活動に関する緊急集会が開催された。タイトルは「東日本大震災　茨城の文化財・歴史資料の救済・保全のための緊急集会　文化財・歴史資料の救済のために、いま、何ができるのか」である。

開催への思いを詰め込んだ、この長いタイトルの集会は、冒頭で高橋修氏が趣旨説明を行ったあと、第一部で歴史資料ネットワークの奥村弘・松下正和両氏の講演、第二部で県、市、大学、隣接県からの報告者計一三名による震災被害や被災資料救出の報告が行われた。参加者は約一二〇名。福島を含む東関東一円の震災被害と資料救出活動の全容を見通すことができ、翌日の『茨城新聞』にも大きく記事が掲載されたなどの多大な成果を収めた。

集会の最後に、高橋氏および筆者から「茨城文化財・歴史資料救済・保全ネットワーク準備会（茨城史料ネット）」設立と参加へのアピールを行った。事務局は、茨城大学人文学部高橋修研究室に置き、新たな参加者を募って今後の活動を展開することとなった。

「茨城史料ネット」設立が宣言された時、以前とは異なる新たな責任を静かに感じていた。メンバーの活動は、地域の人々や県外各地の関係者と具体的な繋がりを持ち始めていた。茨城をはじめ各地の人々、その地の歴史資料のために何をしたらよいか、行動の中で考えていこうと思っていた。

第二章　茨城における大震災被害と歴史資料の状況

この文章を書き出した日（二〇一一年〈平成二三〉八月七日）の昼過ぎ、茨城県北部でM四・八の地震が発生、常磐自動車道の一部が一時通行止めになった。県下の各地では、今も道路情報の電光掲示板に「地震多発走行注意」と表示されている。福島県以北の被害が注目を集める一方、茨城県や栃木県の実態はほとんど報道されず、知られることが少ない。

筆者は茨城県つくば市で大震災に遭遇、その後、茨城県と周辺の被災地を回り始め、一方で茨城文化財・歴史資料救済ネットワーク（茨城史料ネット）の設立と活動に携わっている。この間の事情は別稿（『歴史学研究』八八四号、本書第一章）でまとめた。そこで以下では、茨城県下の震災被害と歴史資料の状況を管見の限りで述べる。なお識別可能な地名や個人名等の情報は割愛する。

周知のとおり、三月一一日には日本海溝プレートの広域で最大M九・〇に及ぶ地震が多発、巨大津波をもたらした。また四月一一日には、福島浜通りを震源とするM七・〇の余震が発生した。茨城で見られる主な震災被害はこの二回の地震に関係している。

福島県浜通り地域・宮城県・岩手県三陸地域と異なり、茨城の南部沿岸は鹿島灘から集落まで距離があるので津波の被災規模は大きくない。しかし、北部沿岸の河口部・港湾部は津波の被害が大きく、北茨城市五浦にあった岡倉天心の六角堂が消滅したのは報道のとおりである。また、那珂川や利根川では河水の逆流が見られ、神栖市では利根川河口から約一〇キロメートル遡った河川敷の耕地の中にボートが打ち上げられていた。

茨城で広く見られた地震被害は土地の地割れや陥没で、しばらくは余震のたびに地割れが起きたと聞く。現在はだいぶ復旧したが、県下の高速道路は路面損傷が激しく速度制限が長く続いた。一般道の損傷は低地部、自然堤防と河川敷や後背湿地との境目、谷地の埋め立て部分で顕著に見られ、多くの橋梁が通行止めになった。内陸や山地部では切り通しの道路等で崖の崩壊が起きた。東京湾岸地域で注目された土地の液状化現象は、東海村など沿岸部、竜ヶ崎・稲敷・潮来・神栖各市などの利根川下流域、下妻市などの鬼怒川流域で確認・報告されている。ただし、例えば自然堤防と後背湿地では状況が異なり、同じ地域でも地震被害は一様でない。

このように、地震の被害は茨城全域に及び、しかもそれが長期に発生していた。これに伴う建造物損壊について、一般民家の屋根瓦の被害は茨城が最も顕著ではないかとの感想が出るほど。一度の揺れでは問題のなかった家屋や土蔵も、波状的に押し寄せる余震で次第に崩壊していったとのこと。

県下の文化財や歴史資料の被害は、二〇一一年七月二日に茨城大学で開催された茨城史料ネットの緊急集会で、県および市町村教育委員会の報告により概要が明らかになった。県教育庁文化課によれば、被災指定文化財の件数は全体の四分の一を超えたという。緊急集会で心配されたのは被災石造物の現状で、文化財未指定の中世・近世期のものが未調査のまま廃棄される危険に警鐘を鳴らした。鹿島神宮の石造大鳥居が崩壊したのは、何とも象徴的に思える。

村方文書群について、茨城県下では直接の甚大な被災を免れたと認識している。津波被害を受けた河口部や港湾部は、近世以降の開発地と思われる土地が多い。そして文書群を所蔵する旧家はその地域に少なく、被災地域でも多くが安全な場所に立地していた。もっとも、筆者が資料救出に携わった鹿嶋市の事例は事情が異なる。もともとこの地区は鹿島灘から約一・五キロメートル内陸に位置し、歴史上、津波の記録がなかった。ところが一九六〇年代の鹿島臨海工業地帯の開発に伴い、国内最大の工業港湾である鹿島港が砂丘を掘り込んで開かれて以降、海は地区の眼前に現れ、今回の津波に被災したのだった。

村方文書群の保存は、むしろ今後が大いに憂慮される。県下各地で旧家の土蔵が損壊していて、その解体処分が進行している。未調査資料の危機は言うまでもなく、調査後に保存措置が施されても安心と言い切れない。茨城南部で、自治体史編纂事業の際に詳細な資料調査を実施した家の土蔵が地震で損壊した際、目録を作成して保存箱に収納された資料は保存されたが、その他は土蔵と一緒に処分したとの連絡を受けた。「その他」に何があったか、もうわからない。数十年前の古文書調査では明治期以降の文書へ手を付けなかった例が想定されるため、追跡調査が早急に必要である。

ここで関東近世史研究会の会員諸氏へお願いがある。東日本大震災の被災地で、過去に資料調査に赴いて交流のある旧家があれば、一度連絡をとっていただきたい。そしてお見舞いの言葉と共に、当時調査した資料がどうなっているか、今後の方針等を確認していただきたい。もし保存が困難なら、地元市町村教育委員会等へ連絡するなど、できる範囲での対応をお願いしたい。現在、茨城史料ネットの活動を行政や博物館施設等と連携して進めているので、こちらへも御一報いただければ幸いである。

被災地を回って感じることがある。全壊の場合はともかく、修復すれば存続可能な土蔵でも「この際だから」という意識から解体が進んでいる。しかし、その後は「いつまた地震や津波が来るか、わからないから」と、新築に慎重な声を茨城県北部等で聞いた。以前から少子高齢化が進んでいた被災地では、土地への愛着の一方、家屋敷や歴史資料を抱えて住み続ける不安も伝わってきた。茨城県南部では放射能から逃れようと子供たちが転校する話も聞いた。そして、これらの問題を認識しつつ、地元で暮らし続けることを選択した多くの人々と会っている。

岩手県三陸地域では集落と生産手段を失った地区の解散が見られ、福島県では放射能被害のためにしばらく居住の許されない土地が出現した。日本社会に潜行した問題を、大震災は一気に顕在化させたと言えよう。地域に暮らし続ける人々の存在を暗黙の前提にしてきた、従来の資料保存活動や地方史・地域史研究はこの事態にどう向き合うべきか。

この問題を含め、多くの人々が指摘するように、三・一一の経験は日本社会に八・一五以来の衝撃を与えた——思えばそれは、一九九五年（平成七）の神戸に始まっていた——と、筆者自身も感じている。それが何なのか、これからどうすべきか。資料保存、歴史叙述、自治体史編さん事業のあり方にも関わる問題だと思うが、今はまだ整理できない。これからの研究・教育活動や資料保存活動の実践を通じて、自らに問い直していきたい。

鹿島港第一船溜（2011年３月14日、鹿嶋市教育委員会提供）

利根川沿いの田地とボート（神栖市谷田部、2011年４月14日）

津波被災した北茨城市大津港の民家（2011年４月17日）

つくばエキスプレス利根川橋梁上で曲がった線路（2011年４月18日）

第一部　災害アーカイブの実践

第三章　地域における被災文化遺産救出態勢の構築と課題

――茨城県・福島県の事例から

一　問題の所在

大災害に際して、地域の文化財や歴史的公文書等を被災の現場からいかに救出し、保全し、後世へ継承すべきか。これは、ここ約二十年間の日本社会で新たに浮上した問題である。本章は、東日本大震災の被災地である茨城県および福島県の活動実践を事例に、アーカイブズ学の観点に基づいて各地の活動の経過や参加者等の分析と考察を行い、地域における被災文化遺産救出システムの構築過程を解明すると共に、今後へ向けた課題を摘出することを目的とする。

かつて石橋克彦氏は、歴史上の大地震記録の分析から関東・東海・南海地域における大地震の発生メカニズムと規則性を指摘して一九九〇年代以降の巨大地震発生を警告し[1]、一九九五年（平成七）の阪神・淡路大震災のあとには、すでに「原発震災」の危険性を警告していた[2]。このたびの東日本大震災では、その警告が悉く的中した。今や遅きに失したとはいえ、今後首都圏をはじめ、日本列島の太平洋沿岸で想定される大地震や津波被害（そして原子力災害）に備えて、私たちは自らの生命・生活・文化・地域を護るため、現代日本社会のさまざまな局面において態勢を整えなければならない。その際、アーカイブズ学における史料管理論の分野でなすべきことは、歴史的公文書・古文書・歴史資料をはじめ、多種多様な文化財（以下、「文化遺産」と総称する）の保全および継承への努力、そのための理論的考察と実践上の知識・経験の蓄積であると言えよう。

災害時における文化遺産の救出・保全をめぐっては、阪神・淡路大震災の直後に結成された歴史資料ネットワーク（当初は歴史資料保全情報ネットワーク）の活動が嚆矢である。またその後の災害に際して各地で結成された、「史料ネット」と呼ばれる資料救出・保全に従事するボランティア組織（本書では「資料保全ネットワーク」と総称する）の設立および活動実践により、多くの知識と経験が蓄積されてきた。

資料保全ネットワークの活動実践に関して、阪神・淡路大震災から一〇年を経過した二〇〇五年（平成一七）、『歴史評論』はそれらの中間総括的特集を行った。[3]そこで奥村弘氏[4]は、歴史資料ネットワークの一〇年間の活動を、一期：ネットワークの成立、二期：地域巡回調査の開始、三期：改称と継続的活動への展開、四期：会員制の導入、五期：全国規模の被災地支援、の五期に区分している。第五期の画期である二〇〇〇年（平成一二）の鳥取県西部地震以降、歴史資料ネットワークは日本列島各地で頻発する自然災害の被災地へ支援を続け、現在、文化遺産の救出・保全における中核拠点となって活動してきた。[5]それは東日本大震災でも変わらない。

ボランティア組織である資料保全ネットワークが地域で文化遺産の救出・保全活動を行おうとする際、地元地方自治体との連携は重要にして不可欠である。平川新氏は、二〇〇三年（平成一五）の宮城県北部地震で宮城歴史資料ネットワークと宮城県教育委員会文化財保護課が協力関係を築き、資料救出情報の伝達を図ったこと、また救出用資材や資料の保管場所で東北歴史資料館の協力を得たことを報告している。[6]二〇〇四年（平成一六）の福井水害[7]や新潟県中越地震[8]でこの経験は生かされた。特に後者では、新潟歴史資料救済ネットワーク（新潟史料ネット）の事務局である新潟大学、新潟県下の資料調査に携わっていた越佐歴史資料調査会、新潟県教育庁文化行政課および新潟県立文書館・新潟県立歴史博物館、長岡市・小千谷市など市町村教育委員会、県外自治体を含む各者による連携が実現したと評価されている。[9]さらに市町村の現場の具体的な救出活動も報告された。[10]

東日本大震災における活動実践についても、すでにいくつもの報告や論考が発表されている。[11]その大半は行政機関と資料保全ネットワークの立場から発表されたものである。また、東日本大震災では被災地が広範囲で、文化庁による文化財レスキュー事業が策定・実施されたことなどにより、遠隔地の自治体間の連携による文化遺産の救出・保全も報告された。[12]

このように実践報告や関係論考を総覧すると、意外にも被災地に視点を据えて救出・保全活動の全体像を鳥瞰した論考が多くないことに気がつく。前述の平川新氏の論考はその数少ない一つで、行政との関係構築やそこにおけるボランティア組織のあり方などを論じており、現在なお参考になる。しかし、論述の中心は平時における資料所在調査の必要性なので、地域内の被災資料救出態勢論としては十分展開されていない。大災害の襲来という緊急時に、誰が、どのような場面で、どう行動する（した）のか、またすべきなのか。これらの見取図を示すことはアーカイブズ学の学問的責務といえ、今後確実に予想される大災害への備えにも資する。

現在、東日本大震災の被災地では、各県・各地域で復興状況の差が開きつつある。文化遺産についても、東京電力福島第一原子力発電所事故の立入制限区域（警戒区域）では二〇一二年（平成二三）九月に博物館施設の資料救出が開始された一方、別の地域では救出作業が一段落して修復作業を本格化させた例もある。現時点で活動実践に基づく上記の分析と考察を行うことは、それらの活動の記録化でもあり、学術研究上の意義は小さくないと考える。

本稿の主な分析対象は、筆者も参加する茨城文化財・歴史資料救済・保全ネットワーク準備会（茨城史料ネット）の活動および関係団体の動向である。対象時期は二〇一一年三月から二〇一二年九月までとする。茨城史料ネットの活動については、すでに実践報告がいくつか出されている[13]。本稿はそれらを踏まえ、被災地における文化遺産救出・保全活動の全体像を描くことを目的とする。また比較対象として、ふくしま歴史資料保存ネットワーク（ふくしま史料ネット）の活動を取り上げる。さらに、これらの救出活動の今後を展望する上では、地方自治体が都道府県などの単位で結成した歴史資料保存のための協議会（以下、県別史料協と総称する）にも考察が及ぶだろう。

二　被災文化遺産救出活動の展開

(1) 茨城文化財・歴史資料救済・保全ネットワーク準備会（茨城史料ネット）

茨城文化財・歴史資料救済・保全ネットワーク準備会（以下、「茨城史料ネット」と略称する）の活動は、後述するとおり二〇一一年（平成二三）七月二日の結成宣言をもって本格始動した。しかし、それ以前から活動は始まっていた。ここでは大震災発生直後から二〇一二年（平成二四）九月までの茨城史料ネットの活動について検証していく。**表1**はこの間の茨城史料ネットの活動に関する略年表で、三期に区分して理解することができる。

表1　茨城文化財・歴史資料救済・保全ネットワーク準備会（茨城史料ネット）活動略年表　2012年9月末現在

	年月	事項
第一期	2011年3月	※11日　東日本大震災発生
		※12日　東京電力福島第一原子力発電所第一号機で爆発事故
		※14日　東京電力福島第一原子力発電所第三号機で爆発事故
		※15日　東京電力福島第一原子力発電所第二・第四号機で爆発事故、放射性物質が広範囲に拡散
		20日　高橋修氏によるチラシ「東北・関東大震災被災地の被災した歴史資料についてのお願い」の作成、関係者への配布・配信開始
		24日　歴史資料ネットワーク及び県内歴史学関係者（後の資料救出メンバー）間の連絡開始
		30日　茨城大学中世史研究会による県北部津波被災地の現地調査、この頃から資料救出メンバーによる現地調査が活発化
		※この頃、歴史資料ネットワークから茨城県庁あて被災歴史資料救済・保全要請のFAX
		※31日　文化庁「東北地方太平洋沖地震被災文化財等救援事業（文化財レスキュー事業）」策定報道
	2011年4月	1日　資料救出メンバー・茨城県立歴史館・茨城県教育庁文化財課の間の連絡調整
		5日　資料救出メンバーが茨城県教育庁文化財課を訪問、市町村あて「東北・関東大震災被災地の被災した歴史資料についてのお願い」送付を申し入れ
		※5日　茨城県教育庁文化財課から各市町村あて「東北・関東大震災被災地の被災した歴史資料についてのお願い」「写真資料の救済について」送信
		6日　資料救出メンバーが北茨城市の被災資料を調査
		※9日　東日本大震災に関する歴史学関係学会等打ち合わせ会（出席）
		※11日　大規模余震発生
		※12日　大規模余震発生
		※中旬、資料救出メンバー・茨城地方史研究会の間の情報交換
	2011年5月	12日　鹿嶋市龍蔵院被災資料の現地調査・応急処置（最初）

期	年月	日	事項
		22日	歴史学研究会大会における東日本大震災緊急集会、歴史資料ネットワーク及び各地の資料救出・保全ネットワーク関係者との情報交換
		24日	茨城県教育庁文化財課から各市町村あて「歴史資料の救済について（依頼）」送付（原案は高橋氏作成）
		同	NPO法人文化財保存支援機構から水損資料救出用ペーパータオルの寄贈
	2011年6月	7日	新潟県立歴史博物館・新潟市立歴史博物館から被災資料救出資材の提供
		12日	歴史資料ネットワークから義援金の提供（最初）
		22日	水戸市内で損壊土蔵の資料整理
		29日	常陸太田市で救出資料（襖下張り文書）の整理指導
		30日	大洗町役場水損行政文書の応急処置（最初）
第二期	2011年7月	2日	緊急集会「東日本大震災　茨城の文化財・歴史資料の救済・保全のための緊急集会―文化財・歴史資料の救済のために、いま、何ができるのか」開催
		同	緊急集会において、茨城文化財・歴史資料救済・保全ネットワーク準備会設立宣言
		7日	NPO法人歴史資料継承機構への協力依頼
			※中旬、茨城県から「文化財レスキュー事業」の初申請（鹿嶋市）
		14日	茨城大学で北茨城市大津の救出襖の解体・整理作業開始
		16日	茨城史料ネットメールニュース配信開始
		17日	北茨城市平潟で被災家屋の現状調査
		21日	茨城史料ネット運営会議（第1回）
		24日	鹿嶋市で龍蔵院被災資料の整理、新出被災資料の応急処置
		27日	福島県いわき市で地元資料救出関係者及びふくしま歴史資料保存ネットワークとの情報交換、市内被災地の視察
	2011年8月	4日	北茨城市役所及び大津漁業共同組合を訪問
		9日	常陸大宮市で損壊仏像のクリーニング作業
		12日	人間文化研究機構・NPO法人歴史資料継承機構から資料救出資材の提供（最初）
		17日	北茨城市平潟における被災資料救出について北茨城市役所・茨城県教育庁文化課との三者協議
	2011年9月	1日	北茨城市平潟で被災土蔵群からの資料救出作業（最初、4日間実施）
		6日	筑西市で新治汲古館の現状調査
		7日	福島県双葉町からの避難資料を茨城大学で一時保管（最初）
		17日	茨城大学で漁業歴史資料館「よう・そろー」（北茨城市大津）被災展示品クリーニング作業

2011年　10月	4日　NPO法人日本文化塾・歴史資料ネットワークから支援金の提供 10日　筑西市で新治汲古館収蔵考古資料の救出作業（2日間実施） 14日　茨城史料ネットHP開設
2011年　11月	11日　茨城大学復興支援調査・研究報告会で活動報告 16日　茨城大学で北茨城市平潟の救出資料整理作業開始（最初、継続中） 19日　北茨城市内で北茨城市平潟の救出資料整理作業（2日間実施）、茨城地方史研究会の協力 23日　福島市で福島大学史学会大会「東日本大震災後の歴史資料保全活動」において報告 26日　仙台市で研究会「東日本大震災における歴史資料保存活動を踏まえた地域歴史資料学の中間提示をめざして」において報告 28日　鹿嶋市で新出被災資料の整理作業
2011年　12月	14日　茨城大学で茨城県図書館協会大学図書館部会研修会において講演 同　茨城大学図書館で写真展「被災した茨城の文化財・歴史資料のレスキュー活動」・特別展示「襖の中のワンダーランド」開催
2012年　1月	12日　北茨城市関本で被災家屋からの資料救出作業
2012年　2月	1日　茨城史料ネット運営会議（第2回） 8日　茨城大学で水戸市内救出資料の整理作業（最初） 15日　茨城史料ネット運営会議（第3回） 25日　北茨城市・いわき市で現地調査
2012年　3月	5日　北茨城市教育委員会との協議 ※11日　茨城県東日本大震災一周年追悼・復興祈念式典（出席） 20日　筑波大学で北茨城市平潟の救出資料整理作業（2日間実施） ※24日　文化庁「文化財レスキュー事業の今後を考える」開催、茨城県教育庁文化課が茨城史料ネットの活動を報告
2012年　3月	28日　北茨城市で被災家屋からの資料救出作業 同　いわき市勿来で被災家屋資料の現地調査
2012年　4月	9日　北茨城市にて現地調査 16日　いわき市小名浜で被災資料の現地調査・応急処置 29日　和歌山県立博物館特別展講演会において講演
2012年　5月	※6日　つくば市北条で竜巻災害発生

第三期		
	8日	つくば市北条で竜巻被害の現地調査（最初）
	12日	水戸市で茨城県立歴史館において講演
	同	北茨城市で北茨城市教育委員会主催「まなびすとの集い２０１２」において講演
	18日	いわき市勿来で被災資料の救出作業（２日間実施）、歴史資料ネットワーク・宮城・山形・福島・千葉・神奈川の各資料救出・保全ネットワークと合同
２０１２年６月	3日	大洗町で大洗町文化センター収蔵被災埋蔵文化財の救出作業（最初）、茨城大学考古学研究会と合同
２０１２年７月	8日	大阪市で歴史資料ネットワーク総会シンポジウム「歴史遺産と資料を守りぬく」において講演
	22日	栃木県茂木町で被災資料の救出作業（２日間実施）、栃木・千葉・神奈川の各資料救出・保全ネットワーク及びＮＰＯ法人歴史資料継承機構と合同
	26日	つくば市双葉町つくば連絡所で福島県双葉町公民館事業「郷土文化教室」において講演
	28日	筑西市で真壁伝承館歴史資料館第２回企画展「新治汲古館の継承」の開催、展示準備への協力
２０１２年８月	4日	横浜市で神奈川歴史資料保全ネットワークシンポジウム「大災害から歴史資料を救い出す」において講演
２０１２年９月	14日	横浜市で全国歴史資料保存利用機関連絡協議会関東部会第２６８回定例研究会「関東地域における東日本大震災の災害対応とその課題」において講演
	29日	茨城大学で救出資料の集中整理作業（２日間実施）

※茨城史料ネットホームページ、注（14）文献のほか茨城史料ネット関係資料から作成

ア　第一期：大震災発生から設立（二〇一一年七月二日）まで

東日本大震災における茨城県の被害の概要、大震災発生から茨城史料ネット活動開始に至る過程は、すでに関係者の証言がまとめられている[14]。

茨城県では大震災発生後一〇日目頃から文化財の被災状況に関する報道が始まり、その頃から茨城大学の高橋修氏が独力で被災資料保全を訴えるチラシを作成、配布を開始した。しかし、高橋氏を中心に資料救出メンバーの活動が本格化したのはそれから約一〇日後のことである。四月一日、高橋氏は「速報　東北関東大震災における茨城の被災状況」を執筆し、知人や関係者へメール送信した。この速報は、当時マ

スコミ等で全くと言っていいほど報道されなかった茨城県の被災状況を語る貴重な情報だったので、全国の関係者の間で共有された。

のちに茨城史料ネット結成を結成する当時の資料救出メンバーは、石油精製工場の地震被害のため入手困難だったガソリンが入手可能になる三月末以降、現地調査を本格化させた。同じ時期に、三月三一日の文化庁「文化財レスキュー事業」策定の報道を受けて、茨城県立歴史館と茨城県教育庁文化課への働きかけを開始した。茨城県立歴史館の紹介を得て、四月五日に資料救出メンバーと茨城県教育庁文化課との面会が実現した。資料救出メンバーがこの時に申し入れを行った内容は二つで、一つは高橋氏の作成したチラシ「東北・関東大震災被災地の被災した歴史資料についてのお願い」を県内全市町村に配布すること、もう一つは三月三〇日に策定された文化庁「文化財レスキュー事業」を茨城県が申請することであった。

前者については了承を得て、同日夜に県から全市町村へ通知が配信された。後者については、この段階で市町村から県へ被害状況の連絡が不十分であったので、文化庁との調整を経て見送られた。しかし、この面会で両者の協力関係が生まれ、市町村に被災土蔵の収蔵資料保全を求める五月二五日付「歴史資料の救済について（依頼）」発信や、七月二日の緊急集会の開催後援および発表などを経て、七月中旬の茨城県における「文化財レスキュー事業」申請へ繋がっていった。

資料救出メンバーによる本格的な活動は、五月上旬の鹿嶋市に始まる。大震災発生から三か月を過ぎた六月には、資料救出メンバーの市町村訪問等により、一部の市町村から被災した民間資料や公文書についての相談が寄せられ始めて救出活動にあたった。六月二九日には常陸太田市で被災襖の下張り文書取り出し作業を行った。これが『茨城新聞』で報道され、資料救出メンバーによる活動の初報道になった。

もっとも当時の活動は、大学教員数人（茨城大学・筑波大学）、茨城大学学生・院生・ＯＢ数人、茨城県の関係者数人が、互いに連絡を取り合って都合を付けながら活動に参加する現状だった。マスコミへの連絡、県内市町村や地域住民への周知、資金面、救出活動への参加メンバーなど、すべてが不十分だった。現状を打破するため、資料救出メンバーは緊急集会の開催を決定、高橋氏を中心に県および各市町村の協力を得て準備を進めた。その過程で、当初は必ずしも意識されなかった組織設立の必要性が、メンバーの間で自覚されていったと言える。

イ　第二期：設立から二〇一二年三月末まで

七月二日、資料救出メンバーは緊急集会「茨城の文化財・歴史資料の救済・保全のための緊急集会　文化財・歴史資料の救済のために、いま、何ができるのか」を開催した。これ以降を第二期活動とする。緊急集会の後援団体には、茨城県教育委員会・茨城県立歴史館・茨城大学東日本大震災調査団が名を連ねた。特に茨城大学は三月末に東日本大震災調査団を結成して、市町村と連携しながら県内の被災調査を進めており、この時点で『東日本大震災調査報告書』をまとめていた[15]。

集会の参加者数は一二〇名。集会は二部構成で、第一部では歴史資料ネットワークの奥村弘氏と松下正和氏による基調講演が行われた。第二部は情報交換会として、資料救出メンバーのほか茨城県教育庁文化課、茨城県立歴史館、常陸太田市・常陸大宮市・那珂市・土浦市・桜川市などから計一四本の現状報告が行われた[16]。茨城県内で文化財・歴史資料の具体的な被災状況がまとまって報告されたのはこれが最初で、県・国の関係者を含めて参加者の認識を一新させたと言える。茨城県から文化庁へ「文化財レスキュー事業」

の初申請が行われたのは集会の直後で、その対象は資料救出メンバーが最初に活動を行った鹿嶋市である。

集会の最後に、資料救出メンバーの中心である高橋氏が茨城史料ネットの設立を提案、参加者の承認を得て設立宣言が行われ、参加登録者の募集を開始した。「準備会」を名乗った理由は、ネットワーク設立の目的を眼前の被災資料救出に限定したことによる。その背景には、前述のようなごく少数の構成メンバーの状況では継続的な組織運営が保障できないだろうとの判断があったと言える。設立直後には、静岡県伊豆地方を拠点に活動するNPO法人歴史資料継承機構（代表は西村慎太郎氏）へ協力を依頼した。

第二期における活動は、茨城県内で最も震災被害が甚大だった北茨城市を中心に展開した。設立直後の七月後半には北茨城市の被災地視察と最初の運営会議が実施され、八月には北茨城市教育委員会・茨城県教育庁文化課・茨城史料ネットの三者による二度の打ち合わせを行って、九月初旬から平潟地区と大津地区における救出活動が四日間行われた。救出活動参加メンバーは、従来の資料救出メンバー、多数の茨城大学学生・院生のほか、七月中旬から配信を開始したメールニュースによる募集の応募者で構成された。

救出資料は北茨城市内に確保された一時保管場所に置かれ、一部は茨城大学に移動し、それぞれ一一月から整理作業を開始した。茨城大学における資料整理は茨城大学学生・院生を中心に進められ、茨城県立歴史館と前述の歴史資料継承機構が指導等に携わったほか、茨城大学OBの高校教員の協力によって高校生も作業へ参加した。また、市内の一時保管場所における資料整理には、上記参加者のほかに茨城地方史研究会の協力を得た[17]。二〇一二年三月には、被災資料の一部を筑波大学に移動させて資料整理作業を行ったが、この時は東京をはじめ、遠隔地からも参加者が集まった。

第二期におけるほかの重要な活動としては、緊急集会の報告で明らかになった被害で、筑西市の新治《にいはり》汲古館《きゅうこかん》からの資料救出が挙げられる。新治汲古館は、古代新治郡衙《ぐんが》および新治廃寺の出土遺物をはじめ、茨城県内の考古資料を収蔵する私設の資料館だったが、大谷石《おおやいし》造り二階建ての建物が地震で一部損壊し、建物の全面崩壊と収蔵資料の壊滅の危険があった。そこで茨城大学考古学研究室の協力を得て、一〇月に二日間で延べ百数十人が参加して資料の搬出を行った。地元の筑西市には保管先がなく、茨城県教育庁文化課と文化庁による調整の結果、隣の桜川市教育委員会が資料受け入れを決定、真壁伝承館で収蔵されることとなった。

北茨城市の被災資料整理は二〇一二年春を目処として進められた。この間、二〇一一年一一月頃から茨城県内外で茨城史料ネットの活動報告を行う機会が増えている。

このように第二期の活動は、北茨城市や筑西市などの被災資料救出と整理作業、そしてその報告活動によって特徴づけられると言えよう。しかしながら、活動を進める構成メンバー、とりわけ事務局を置く茨城大学の負担は過重にならざるを得ない。全体の疲弊感は深刻化し[18]、二〇一二年二月に行われた運営会議では茨城史料ネットの活動停止も議論されていた。

ところで、第二期の早い時期である七月末、茨城史料ネットのメンバーが後述するふくしま史料ネットのメンバーと合流して、福島県いわき市の被災状況調査と情報交換を行っている。いわき市は北茨城市の隣接地であること、構成メンバーに福島県出身者が複数いたこと、緊急集会にいわき市からの参加者がいて交流が始まったことなどから、当初から構成メンバーは、暗黙のうちに福島県浜通り地方を活動範囲に認識していたと言える。その後、一一月には茨城・福島の間で本格的な連携が始まり、二月にはいわき市で現地調査を開始した。これが第三期の活動に繋がっていく。

ウ　第三期：二〇一二年三月末以降

二〇一二年三月末、茨城史料ネットは福島県いわき市勿来《なこそ》地区で被災家屋の現地調査を実施した。[19]これ以降を第三期活動とする。

調査は現地の資料救出活動関係者と連携し、いわき市教育委員会文化財担当者と協議及び調整を行った。四月にはいわき市小名浜《おなはま》地区で新たに津波被災資料が確認され、地元の資料救出活動関係者と茨城史料ネットのメンバーで現地調査や応急措置を行った。

以上の現地調査から、勿来地区と小名浜地区の二箇所で救出作業の必要が確認された。その際、現地が福島県域であったこと、前述のように茨城史料ネットの余力は乏しい状態であったことなどから、茨城史料ネットはふくしま史料ネットとの連携に加え、当時東日本で活動していた各地の資料保全ネットワークに対し救出活動への協力依頼を行った。この結果、茨城が幹事を務め、歴史資料ネットワーク、福島・宮城・山形・千葉・神奈川の資料保全ネットワーク関係者、そして各ネットワークを通じて全国からボランティアが集まり、延べ一〇〇人の参加する作業が行われた。[20]救出資料は福島県歴史資料館へ搬送された。

その後、七月には栃木県茂木町《もてぎ》における被災酒造家資料の救出活動を実施した。これは当時、栃木県内において資料保全ネットワークの設立に向けた機運があったことを踏まえ、いわき市の事例と同様に茨城史料ネットが幹事を務め、歴史資料ネットワーク、神奈川・千葉の資料保全ネットワーク関係者、ＮＰＯ法人歴史資料継承機構などから約八〇人が参加したものである。[21]

このほか第三期の活動として、第二期後半から始まった活動報告などの普及活動が増えている点を指摘できる。その中には、福島県双葉町教育委員会の主催事業で、つくば市の仮設住宅に在住する双葉町民を対象とした公民館事業「郷土文化教室」の講師依頼もあった。その背景として、構成メンバーの中に地元出身者がいたこと、構成メンバーと双葉町教育委員会職員との交流が始まっていたこと、二〇一一年九月には茨城史料ネットが避難者の持参した歴史資料の保全を行っていたことなどがあった。講座の内容は避難先であるつくば地域の歴史であったが、最後に茨城史料ネットの活動を紹介して、避難者宅所蔵資料の保全および各避難者の震災体験の記録化の必要性を訴えた。

このように第三期の活動は、他地域の資料救出・保全ネットワークと合同で取り組む茨城県外の被災資料救出活動と、活動報告などの普及活動の二点から特徴づけられると言える。その背景には、茨城史料ネットの余力が乏しい状態であったこと、この時期は茨城県内における新たな資料救出活動が小規模化していたことを挙げられるだろう。

(2) ふくしま歴史資料保存ネットワーク(ふくしま史料ネット)

ふくしま歴史資料保存ネットワーク(以下、「ふくしま史料ネット」と略称する)の活動は、大震災発生の五日後、停電回復によるブログ開設と情報発信をもって開始された。この迅速な活動の背景には、それ以前の約五年に及ぶ前提期間があった。ここでは、その発足から二〇一二年(平成二四)九月までの時期におけるふくしま史料ネットの活動を検証する。**表2**はこの間のふくしま史料ネットの活動に関する略年表で、前提期を含め四期に区分して理解することができる。

表2　ふくしま歴史資料保存ネットワーク（ふくしま史料ネット）活動略年表　2012年9月末現在

	年月	事項
前提期	2005年10月	28日　福島県内の博物館・図書館・自治体史編纂室等を対象に「歴史資料の保存に関するアンケート」を実施、史料保存のためのネットワークの設立を準備
	2006年4月	福島県文化振興事業団が福島県歴史資料館等の指定管理者となる
	2006年10月	20日　福島県文化振興事業団がふくしま文化遺産保存ネットワークを設置、文化遺産に関する情報のメール配信等を開始
	2009年12月	福島県文化振興事業団がふくしま文化遺産保存ネットワークの見直しを開始
	2010年3月	ふくしま文化遺産保存ネットワークの見直しについて福島県文化スポーツ局文化振興課との調整を開始
	2010年6月	福島県文化振興事業団（団）・福島県立博物館（博）・福島大学（大）・福島史学会（会）らが新たなネットワーク組織移行への検討を開始
	2010年11月	2日　ふくしま文化遺産保存ネットワーク廃止及びふくしま歴史資料保存ネットワーク移行への宣言、県内関係機関へ案内発送 27日　ふくしま歴史資料保存ネットワーク発足、記念講演会開催
	2011年3月	※11日　東日本大震災発生 ※12日　東京電力福島第一原子力発電所第一号機で爆発事故 13日　構成メンバー自宅の停電解消により、福島県歴史資料館のホームページを私設 ※14日　東京電力福島第一原子力発電所第三号機で爆発事故 ※15日　東京電力福島第一原子力発電所第二・第四号機で爆発事故、放射性物質が広範囲に拡散 16日　構成メンバー自宅の停電解消により、ふくしま史料ネットのブログを私設 19日　事務局のネット環境回復に伴い、メールマガジン第1号送信、いわき市の状況をＷＥＢ発信、以後各地の被災情報を逐次発信 22日　歴史資料ネットワークからの呼びかけに応答 23日　福島県教育庁文化財課へ歴史資料保全の呼びかけを申し入れ 25日　福島県教育庁文化財課から市町村あて「被災した文化財の取り扱いについて（通知）」を発信 30日　資料保管場所の確保に関する呼びかけ ※31日　文化庁「東北地方太平洋沖地震被災文化財等救援事業（文化財レスキュー事業）」策定報道
	2011年4月	1日　福島県立博物館が浜通り地区の考古資料を救出（初回）

第Ⅰ期		
	5日	福島大学・福島県文化振興事業団の間の打ち合わせ、福島県教育庁文化財課を訪問
	6日	相馬市・南相馬市の被災状況調査
	※7日	大規模余震発生
	※11日	大規模余震発生
	※12日	大規模余震発生
	13日	南相馬市で津波被災資料の救出（初回）
	15日	ふくしま史料ネットの内規を制定、代表・事務局を福島大学に設置
	16日	ふくしま史料ネットは行政判断を待たずに独自活動へ着手する旨を宣言
	18日	福島市社会福祉協議会にてふくしま史料ネットをボランティア団体登録
	19日	伊達市・国見町・桑折町の各教育委員会を訪問、歴史資料保全のためのチラシ配布
	21日	須賀川市で被災文化財収蔵庫の資料救出作業（初回）
	26日	県内の歴史資料救出活動の要点について福島県教育庁文化財課へ申し入れ
	28日	国見町で被災資料の救出作業（初回）
	30日	いわき市で被災資料の救出作業（初回）
2011年5月	6日	いわき市で建造物の保存等について関係機関と調整
	10日	福島県教育委員会による市町村文化財担当者会議で被災資料救出の呼びかけ
	12日	地元新聞社2社を訪問、ふくしま史料ネットの活動周知を依頼
	同	福島市で被災資料の救出作業（初回）
	15日	発起人事務局会議
	16日	福島大学で歴史資料ネットワークとの会合、NPO法人文化財保存支援機構から支援物資の提供
	21日	伊達市で被災資料の救出作業（初回）
	22日	歴史学研究会大会における東日本大震災緊急集会で状況報告
	25日	県南部の被災神社の資料調査
	27日	日本考古学協会における埋蔵文化財委員会で状況報告
2011年6月	6日	ふくしま史料ネット公式ホームページ開設
	9日	救出資料の整理作業場所確保のための現地調査
	17日	全村避難対象となった飯舘村の古文書資料を搬送
	21日	福島県災害対策本部による全戸配布の相談窓口一覧に「文化財」の項目、ふくしま史料ネットの連絡先を掲載

第Ⅱ期		
	23日	いわき市で被災資料の救出作業
	25日	全村避難対象となった飯舘村の考古資料を搬送
	26日	郡山市で被災資料の救出（初回）
2011年7月	1日	原発事故警戒区域内歴史資料に関する情報整理、県南部被災神社資料のクリーニング開始
	3日	国見町役場の町史編さん関係公文書を救出
	4日	国見町で救出資料のクリーニング開始
	6日	救出資料の燻蒸作業開始（博）
	9日	福島県考古学会理事会において報告
		※11日　福島県教育庁文化財課が楢葉町内の重要文化財状況調査
		※この頃、福島県から「文化財レスキュー事業」の初申請
	19日	ふくしま史料ネット事務局会議
		※同　福島県教育委員会主催「東北地方太平洋沖地震による被災文化財等の救援に伴う連絡会」開催
		※26日～30日　新潟・福島豪雨
	27日	茨城史料ネットメンバーといわき市内の文化財被災状況調査
	30日	国立歴史民俗博物館の緊急集会において報告
2011年8月	2日	新潟・福島豪雨に関する被災状況聞き取り調査開始
	6日	伊達市梁川町で被災資料の調査（初回）
	7日	福島県史学会において報告
	8日	三島町・金山町で現地調査
	10日	福島県歴史資料館保管の被災資料の防菌・防虫措置及び記録作成開始
	24日	飯舘村の救出資料の整理作業開始
2011年9月		※14日　福島県における「文化財レスキュー事業」初の作業（須賀川市）（4日間実施）
	16日	国見町の救出資料の目録入力作業（3日間実施）
2011年10月	1日	東北史学会で状況報告
	10日	桑折町で被災資料の救出作業
	11日	郡山市で被災文化財救出ボランティアについての講演
		※14日　福島県教育庁文化財課主催「東日本大震災及び福島第一原子力発電所事故に伴う市町村立博物館等の史料保存検討会」開催
	15日	双葉町教育委員会所蔵資料の搬出

第Ⅲ期	
2011年11月	※21日　福島県博物館連絡協議会研修会 29日　福島市内の救出資料の仮目録作成開始 ※10日　福島県が震災アーカイブ事業を策定、着手 12日　福島県歴史資料館主催「地域史研究講習会」において状況報告 23日　福島大学史学会大会において報告 26日　計画的避難地域の資料所蔵者を仮設住宅に訪問 27日　高放射線量地域に残された民俗資料の状況について国・県等の関係機関へ報告
2011年12月	4日　福島県考古学会大会において報告 16日　東京文化財研究所主催民俗文化財研究協議会において報告
2011年3月	※24日　文化庁「文化財レスキュー事業の今後を考える」開催
2012年5月	18日　いわき市勿来で被災資料の救出作業（2日間実施）、茨城史料ネット主催、歴史資料ネットワーク・宮城・山形・千葉・神奈川の各資料救出・保全ネットワークと合同
2012年6月	30日　福島県文化財センター白河館主催特別研修において報告
2012年7月	※20日　東北地方太平洋沖地震被災文化財等救援委員会の構成団体会議において福島県内の警戒区域における資料救出作業について討議
2012年9月	※5日　福島県教育委員会・福島県立博物館・関係市町村の合同チームによる警戒区域内の博物館施設からの文化財救出活動開始（2日間実施） 6日　救出資料の撮影記録化作業（2日間実施） 29日　福島県歴史資料館が「収蔵資料展　いいたての歴史と風土」を開催、救出資料を展示

※ふくしま史料ネットホームページほか関係資料から作成

ア　前提期：大震災発生（二〇一一年三月一一日）以前

ふくしま史料ネットは先行組織「ふくしま文化遺産保存ネットワーク」を改組して設立された。まずその経緯を確認しよう。[22]「ふくしま文化遺産保存ネットワーク」は福島県歴史資料館が歴史資料の保存を目的として県内博物館・資料館および自治体史編纂室等の間のネットワーク構築を目指し、二〇〇六年（平成一八）に設立された。実施に先立ち、二〇〇五年（平成一七）一〇月には関係機関を対象にアンケート調査が実施され、多くの賛同を得ていた[23]。しかし、福島県歴史資料館は二〇〇六年度から公募による指定管理者の運営となり、同ネットワークの運営は指定管理業務外の自主活動とならざるを得なかった。予算的裏づけのない同ネットワークの活動は、文化遺産情報に関するメールマガジンを登録者へ一方的に配信するにとどまらざるを得ない状況が続いたという。

そこで、新潟県十日町市などの先行事例に学び、市民ボランティアの組織化を目指して[24]、二〇〇九年（平成二一）一二月から見直しに着手。その後、福島県庁担当課との調整、福島県立博物館・福島大学・福島県史学会を呼びかけ人に加えての協議を経て、二〇一〇年（平成二二）一一月にふくしま史料ネットが設立された。当初の事務局は福島県文化振興事業団（福島県歴史資料館）に置かれた[25]。

ふくしま史料ネットは「歴史資料を守り、後世に伝えること」を唯一の活動目標として掲げた。そして、目標とする市民ボランティアの活動のためには、県・市町村の文化財・自治体史編纂担当者および資料保存機関の参加が必須であるとの認識から、二〇一一年度に関係機関の参加を求めてネットワークを構築する計画であった。その矢先の大震災発生だったのである。

イ　第Ⅰ期：大震災発生から二〇一一年六月まで

東日本大震災における福島県の被害について、浜通り地域で地震・津波被害が甚大であるほか、東京電力福島第一原子力発電所の爆発事故による放射能被害のため広範な立入制限区域（警戒区域等）が設定され、住民の避難生活が続いている[26]。大震災発生からふくしま史料ネットの活動開始に至るまでの過程については、現代表である阿部浩一氏らの報告がある[27]。

ふくしま史料ネットは、大震災直後、停電が解消された地域の構成メンバーが私設のホームページやブログを立ち上げ、情報の収集・発信を開始した。三月中にメールマガジンは九号送信されたが、多くは宮城・山形など県外からの情報の転送だった。福島県内における市町村役場・図書館・博物館の津波被害はごく小さかったが、当時の公共機関は原子力発電所爆発事故に伴う住民避難等の対応に忙殺されており、前述のガソリン供給困難という事情もあったので、文化財・歴史資料に関する情報収集は困難を極めたと言えよう。その中で、構成メンバーは福島県教育庁文化財課を訪れ、市町村教育委員会に宛てて歴史資料保全について書面による呼びかけを行うよう求めた。これは三月二五日付「被災した文化財の取り扱いについて（通知）」として実現している。

続いて構成メンバーは、三月三一日の文化庁「文化財レスキュー事業」策定の報道を受けて四月五日に福島県教育庁文化財課を再訪した。しかし、当時の福島県教育委員会に事業へ取り組む余裕はなく、一方でこの頃には被災市町村からふくしま史料ネットへ被災資料の情報が寄せられつつあった。そこでふくしま史料ネットは救出活動の準備に着手、四月一五日には組織および内規を決定した。役割分担はおおむね次のとおりとなった。

○代表・事務局：福島大学
○渉外・ボランティアコーディネート：福島県文化振興事業団（福島県歴史資料館）
○資料救出：福島県立博物館・福島県文化振興事業団（福島県歴史資料館）
○協力者拡大の機会設定：福島県史学会

そして翌四月一六日、ふくしま史料ネットは行政判断を待たずに独自活動へ着手する旨の宣言を行い、資料救出活動を本格化させていった。

このあと第I期に区分した六月末まで、ふくしま史料ネットの資料救出活動は一九件に及んだ。この時期の主な救出対象は、須賀川《すかがわ》市における文化財収蔵庫、国見《くにみ》町における古文書・公文書・古民具類、飯舘《いいたて》村の古文書・考古資料が挙げられる。須賀川市の事例は、三月一一日の地震でダムが決壊、その下流に位置したプレハブ二棟・鉄筋建て一棟を土石流が襲い、押し流されなかった鉄筋建て一棟の考古資料救出だった。(28) これはのちに、福島県における「文化財レスキュー事業」初申請対象となった。国見町の事例は、民家の古文書および町役場の公文書についての救出作業で、国見町教育委員会の呼びかけにより国見町郷土史研究会と国見町文化財ボランティアのメンバーが作業に参加した。飯舘村の事例は、放射性物質の飛散により全村が避難対象（計画的避難地域）になって村役場機能も福島市内に移転したため、管理上の必要から資料を移送したものである。このほか、県南部で被災した神社資料の調査・救出も行っている。

このように第I期の活動は、構成メンバーが大震災被災と原子力発電所爆発事故の影響に直撃されつつ、前提期に構築されていた基盤によってふくしま史料ネットの組織を立て直し、大震災直後から被災資料救出へ取り組んだものと言えよう。

ウ　第II期：二〇一一年七月から二〇一一年一〇月まで

七月一日、福島県立博物館が県南部における被災神社資料のクリーニング作業を開始した。これ以降を第II期活動とする。

この時期におけるふくしま史料ネットの活動は、第I期からの資料救出活動が継続する一方で、救出した資料のクリーニング・保存措置・整理・目録作成作業に取り組んでいったと言える。また七月末に発生した新潟・福島豪雨に対応して、八月に被災地である三島《みしま》町・金山《かねやま》町の現地調査を実施している。

さらにこの時期以降、大震災の被害や被災資料救出活動に関する講演会・報告会が福島県内外で開催されるようになり[29]、ふくしま史料ネットのメンバーが講師を務めた。

エ　第Ⅲ期：二〇一一年一一月以降

一一月以降、ふくしま史料ネットのホームページに掲載される活動経過年表やブログにおいて救出活動の記録は減少する。また「文化財レスキュー事業」を推進する東北地方太平洋沖地震被災文化財救援委員会の事務局は関係団体に対して定期的にニュースレターを送信しているが、そこでも一二月以降に福島県における活動記録は見られなくなる。二〇一一年一一月以降、ふくしま史料ネットは活動の中心を救出資料の整理作業等に移したと考えられ、これ以降を第Ⅲ期とする。この時期には第Ⅱ期から引き続き各地の講演会・報告会への出席が確認できる。

しかしながら一方で、一一月七日に東京文化財研究所で開催された被災文化財等救援委員会の席で文化財救出作業における放射能の影響が話題となったこと、二一日には計画的避難区域における現状調査が実施されたこと、二七日には高放射線量地帯における民俗資料の状況について国と県へ報告を行ったことから、立入制限区域の調査と資料救出活動に関する協議がこの時期に始まったことがわかる。この協議は長い時間をかけて行われ、二〇一二年七月二〇日に開催された被災文化財等救援委員会で「救援委員会として福島県に設定された警戒区域内での文化財救出」について説明があり、八月一日には説明の趣旨が文書で関係団体に配布された。その後、九月五日から福島県教育委員会・福島県立博物館・関係市町村の各職員の合同で、警戒区域内の博物館・資料館施設から収蔵資料を救出する作業が開始された。この作業は公務員身分の者のみ参加が認められたため、ボランティア団体であるふくしま史料ネットとしては参加していない。

このように第Ⅲ期の活動は、救出資料の整理作業等へ重点を移す一方、立入制限区域内の資料救出について構成メンバーが協議に参加していった。なお、一一月には福島県が震災アーカイブ事業に着手しており、こちらにも構成メンバーが関わっている。

（3）小括

以上、東日本大震災における被災文化遺産救出活動の展開過程について、茨城県と福島県の事例を検討してきた。隣接県ながら、前提条件や被害状況の違いによって活動の内容が大きく異なる一方、似通った状況も検出できる。次節の検討に資する三つの論点を抽出、比較してみよう。

ア　組織

茨城史料ネットには、その設立以前に前提とできる組織が全く存在しなかった。茨城県では、かつて市町村を構成員とする茨城県市町村史料保存活用連絡協議会（「茨城史料協」）が活動しており、当初の資料救出メンバーはそれを茨城史料ネットの設立基盤にできないかと考えた。この発想は、ふくしま史料ネットが自らの設立基盤に公共機関の参加を呼びかけたのと同じである。しかし、茨城史料協は会員市町村の減少等で二〇〇九年（平成二一）に活動を停止して、その機能を継承する公的組織はなかった[30]。

そのため茨城県の資料救出メンバーは、「文化財レスキュー事業」を組織化の契機にすべく、直ちに茨城県立歴史館と茨城県庁へアプローチを試みた。結果として、県および一部市町村の協力を得て救出活動を実施できたものの、結成は大震災発生から四か月近く経過した七月であり、名称に「準備会」を付しているとおり暫定的組織で活動を開始した。この点、すでに組織の基盤を構築していたふくしま史料ネットが大震災直後から活動を準備し、開始したこととは対照的と言えよう。

イ　構成メンバー

茨城史料ネットは、事務局を茨城大学に設置し、大学教員、大学院生、茨城県行政関係者、博物館関係者が連絡を取り合って活動を進めた。第二期には茨城地方史研究会の協力を得ることができた。この点で、福島大学に事務局を置き、福島県文化振興事業団（福島県歴史資料館）、福島県立博物館、福島県史学会が構成メンバーであるふくしま史料ネットのあり方と、結果的に大きな差はない。茨城史料ネットの場合は、当初から茨城県庁と協力関係を持ったことが、組織としては不十分であったにもかかわらず、その後の一部の活動を円滑に行えた要因になっている。

ウ　活動の展開過程

茨城史料ネット、ふくしま史料ネットとも、大震災発生後の活動は約四か月で一つの区切りを迎えているが、その内容は大きく異なる。ふくしま史料ネットの場合、最初の四か月で被災資料への緊急対応に一段落したと見られ、歴史資料ネットワークの場合も阪神・淡路大震災発生から三~四か月後に活動の継続化を見据えた組織整備が見られる。これに対して茨城史料ネットは、前述のとおり大震災から四か月を経てようやく組織化に至っている。

その後の活動について、茨城史料ネットは第二期に被災資料の救出活動を展開して翌年春まで続いたが、ふくしま史料ネットは一一月頃に一つの区切りを迎えた。この理由は、福島第一原子力発電所事故に伴う立入制限区域（警戒区域等）の被災資料救出に向かえなかったことが一因と思われる。しかし両者の第Ⅲ期・第三期では、福島県いわき市の被災資料救出を合同で行っている。隣接地で活動する両者が共同で救出作業を実施できたことは、今後の展開に繋がる大きな成果だったと言えよう。

三　救出活動の担い手とその周辺

前節では、東日本大震災において展開された被災文化遺産救出の活動過程を具体的に検討したが、本節ではその結果を地域社会の観点から捉え直す。具体的には茨城県で救出活動へ直接・間接に関わった団体や人々を主な対象に、それらを六区分して活動実態を検証すると共に、それぞれの本来果たし得る機能を考えていく。

（1）資料保全ネットワーク

茨城県の被災文化遺産救出活動で最も活躍したのは茨城史料ネットである。しかしそれは、事務局長である高橋修氏を中心とした茨城大学中世史研究会のメンバー、そして事務局も担った茨城大学の学生・大学院生たちによる八面六臂の活動なくしては全く成り立たなかった。それは現在も同様である。その背後には、全学規模で被災調査を進める茨城大学人文学部の支援があった。茨城県内の国公私立大学で救出活動を組織的に展開した例は、寡聞にして現在もその種の情報にほとんど接しない[31]。

福島県でも、当初はふくしま史料ネットの事務局を福島県文化振興事業団（福島県歴史資料館）に置いていたが、大震災発生後に福島大学へ移した。この点、阪神・淡路大震災以降、地域の歴史文化保全において地方国立大学が中心的な役割を果たしつつあるという奥村弘氏の指摘[32]が想起される。被災した地域の行政は住民の安全確保とライフラインの回復が最優先課題なので、専門知識・経験と機動力のあるボランティア組織の存在は重要である。また、安全性を担保すれば、若い意欲的な学生・院生にとって救出活動は良い学問的・社会的経験の場になると考えられる。しかし、学生・院生は基本的に毎年入れ替わっていくことを考える時、事務局のあり方は大きな検討課題である。

なお茨城史料ネットの場合、大震災発生直後から、歴史資料ネットワークや新潟史料ネットなど各地の資料保全ネットワークから物心両面にわたる支援を得ている。また、ＮＰＯ法人歴史資料継承機構から救出資料整理の指導助言を得て、活動が継続されている。このような「ネットワーク」は、組織化の困難な地域で救出活動を行う際の重要な促進要因になっていると言えよう。

（２）地方自治体

前述のとおり、被災地の行政体は住民の安全確保とライフライン回復が最優先課題となり、緊急事態が収まり本来の業務に着手するまでには一定期間を要した。

茨城県教育庁文化課は、三月中には県内の指定文化財の被災状況および博物館施設の被害状況の調査を進めていた。しかし未指定文化財に関しては、全市町村で意識が高かったとは言えないように思われる。ある例では指定文化財保護のみが行政の職務と捉え、ある例では広い自治体の面積に圧倒されて調査に踏み出せず、ある例では絶対的な人員不足を嘆いていた。

前者は、文化財保護法の理解不足と言うべきである。[33] 後二者は、外部からの支援があれば救出活動への着手が可能だったと考えられ、実際に茨城史料ネットが救出活動を行った例もある。この点、二〇〇四年(平成一六)の新潟中越地震の際、新潟史料ネットの設立に参加した新潟県立文書館は、冒頭で述べた県別史料協[34]の一つである新潟県歴史資料保存活用連絡協議会の事務局を務めていたので、県とは別に県内市町村宛てに歴史的文書保全の要請文を送付した。[35] また、他県の県別史料協に対しても、新潟県内における被災資料救出活動への協力依頼文を送付している。茨城県で前述の茨城史料協が存続していれば、茨城史料ネットと各市町村の連携はより円滑であった可能性がある。

ふくしま史料ネットの設立のねらいは、民間ボランティアと行政機関の連携構築にあった。その意味からすれば「文化財レスキュー事業」は、被災地で資料救出・保全ネットワークと地方自治体の連携を促進する重要な役割を果たしたと言えよう。少なくとも茨城県では、当初の資料救出メンバーが茨城県庁を訪問する最初のきっかけを提供した。

（3）地方自治体の博物館施設・専門的職員

三月末、歴史資料ネットワークは被災した県庁の担当課に対し、被災資料の保全に関する要請文をFAXで送った。茨城県教育庁文化課はこれを収受したあとに茨城県立歴史館へ転送した。この時点で茨城県教育庁文化課は被災資料保全の必要性を認識していたが、具体的な活動は博物館（文書館）施設へ一方的に期待した感があった。

博物館（文書館）施設で、災害直後の最初の仕事は来館者の安全確保と自館の施設および収蔵資料の点検で、そのあとに資料寄託者・寄贈者宅をはじめ地域の資料保全へ赴く。博物館施設の近世・近代・現代資料はほとんど未指定文化財であるから、地域の文化遺産に対する情報は本庁の文化財担当よりも豊富である。実際に、一部の博物館は積極的に館の外へ出て資料救出活動を行い、それを茨城史料ネットが支援する例もあった。その一方、指定管理者が運営する館では、契約上の問題等により必ずしも機動的に対応できない場合があった。

博物館（文書館）施設の資料救出活動とは、学芸員など専門的職員の活動とほぼ同義である。地域の文化遺産に関する情報は、実際には専門的職員の活動によって集約される。文化遺産の所蔵者や管理者、郷土史や地域文化に造詣の深い地域住民と日常的に接点を持つ彼らは、今回の災害時の救出活動にも機動的に対処した。

救出活動の際、資料取り扱い上の専門知識や技術を必要とすることから、当然ながら救出対象資料によって参加する専門的職員は変わってくる。茨城史料ネットの活動において、北茨城市平潟《ひらかた》の資料救出活動では歴史分野や民俗分野の専門職が参加した。一方、筑西市の新治汲古館収蔵資料の救出活動では、考古分野や埋蔵文化財担当の専門職が多数参加した。もっとも、自治体史編纂事業の担当者はそもそも職務上で広い分野の文化遺産を相手にしているので、救出活動でもより機動的であったと言える。

ここで重要なのは、上記の活動で彼らは単独ではなく、日常業務のネットワークを用いて広域に連携すると共に、茨城史料ネット、保存科学の専門家をはじめ地域外の専門研究者などへ連絡を取って行動したことである。地方自治体が雇用する文化遺産の専門的職員は、緊急事態に際しても機動的かつ効果的に活動すること（できること）が、今回の大震災で改めて明らかになったと言えよう。

（4）歴史研究団体・研究者

阪神・淡路大震災の際は、発生一九日後に関西に拠点を置く大阪歴史学会・日本史研究会・大阪歴史科学協議会・京都民科歴史部会の四学会が集まり、歴史資料ネットワークを設立したことが知られている。東日本大震災でも、四月九日に歴史学研究会事務所で東日本大震災に関する歴史学関係学会等打ち合わせ会が開催され、茨城県からも資料救出メンバーが参加していた。これを契機にメーリングリストが作られて茨城県の資料救出メンバーも参加し、その後の数か月は重要な情報交換がいくつか行われた。『歴史学研究』『歴史評論』等の学会誌上における各資料救出・保全ネットワークの活動紹介記事、大会等における被災地への募金活動の呼びかけにも影響を及ぼしたものと思われる。

しかし今回は、諸学会の動きが被災地における歴史資料ネットワーク設立のような支援の動きになっていない。大震災前から活動実績を持っていた宮城県はともかく、組織設立直後に被災した福島県や、大震災発生時点で何の組織もなかった岩手県・茨城県・千葉県に対し、東京に拠点を置く歴史学関係学会は直接的な支援行動へ出ていないと言える。研究者個人による救出活動へのボランティア参加も同様と思われる[36]。「被災地のみで、史料保全の活動をすすめることは難しい[37]」にもかかわらず、被災地からの受信には熱心だったが、被災地への発信にやや弱かったと言えようか。

地元の地方史・地域史研究者との連携について、茨城県では二〇一一年四月に資料救出メンバーが茨城地方史研究会関係者へ初めて連絡を取り、同年六月に行われた同研究会の総会では七月二日の緊急集会開催について参加会員へ周知が行われた。その後、一一月には茨城史料ネットが同研究会へ救出資料整理作業への協力を依頼し、会員の参加を得た。これを機に同研究会は独自の資料救出活動を模索、一二月に役員有志が北茨城市で活動を開始した。そして二〇一二年六月の総会では、二〇一二年度事業で被災資料の救出活動の実施を決議した。

茨城地方史研究会には県内被災地の資料について精通した会員が多く、被災資料に対しても深く憂慮していたが、活動開始にはやや時間を要した。その理由について、同研究会のメンバーが被災文化遺産の救出について事前知識を持つ機会がなかったことも一因と思われる。この点、ふくしま史料ネットが呼びかけ人に福島県史学会を加えて、救出活動の関係情報を地元の研究者と共有しようとした点へ注目しておきたい。

(5) ボランティア参加者

正確なデータは未集計だが、二〇一一年七月の設立から二〇一二年九月まで、茨城史料ネットの活動に参加したボランティアの延べ人数は一〇〇〇人近くに及ぶのではないかと思われる。その中心は茨城大学の学生・大学院生である。その他の参加者の年齢、住所、職業、所属等は多様なものの、一定の傾向があると経験的に感じられた。それは第一に、茨城県との関係である。現在の住まいとは関係なく、出生、居住、在学、在勤、調査の経験がある等から、茨城県と何らかの縁（あるいは「絆」）を意識する人々の参加が多い。その次に、文化遺産の救出・保全の活動自体への関心で参加した人々が挙げられる。ここには他地域での経験者のほか、未経験だが今後のために経験を積みたいという人々を含む。

茨城史料ネットの情報発信源は事務局が配信するメールニュースにほぼ限定され、資料保全の見地からボランティアの情報拡散は行っていない。にもかかわらず多くの参加者を得ている理由は、関心を共有する人々の間で情報が交換（口コミ・関係者への拡散）されている点にある。そこで茨城県との縁を感じる人々や、救出活動自体に意義や関心を見出す人々が救出・保全活動へ参加してくる。前述した研究者の参加状況と比較して興味深い。被災地の出来事を自らの問題として引き受け、考え、行動する。この当事者性（当事者意識）は、三・一一以後を考えるキーワードとして広く語られている。[38] 被災文化遺産の救出活動も同じ地平にある。

（6）一般市民（被災者等）

茨城県における被災資料救出活動がマスコミで報道された最初は、茨城史料ネット設立の直前である六月三〇日だった。その後は事務局の努力により、新聞・テレビの地方版でしばしば救出活動が報道されてきた。[39] これにより茨城史料ネットの活動が、少しずつではあるが県民一般に知られていったと思われるが、決して十分ではない。

文化遺産救出活動の大きな課題は、救出した資料を今後いかに地域で保存していくかの対策である。その解決には文化遺産の価値や必要性についての広報・普及活動が重要で、[40] 茨城史料ネットの活動第二期の後半から普及活動が増加する理由もそこにある。実際に救出活動を行った市町村では、これまでに北茨城市と桜川市で普及活動が実施されており、今後も続くと思われる。このような地道な情報発信はすぐに効果を生まないが、活動を行った市町村を中心に周知され、その反響が地元の行政に一部でも反映されるような展開を期待したい。

四　まとめと課題

(1) 地域における被災文化遺産救出態勢の構築

最後に、これまでの分析に基づいて、地域における被災文化遺産救出態勢の全体像を描いてみよう。**図1**は茨城史料ネットをモデルに、資料救出・保全ネットワークを中心に据えた関係性の描写である。円および矢印の大きさや向きはそれぞれの関係を象徴させている。おそらく地域の実態によって構成要素や関係性は変わるので、各地で多様な図が描けるだろう。

図1で資料保全ネットワークは、地方自治体の専門的職員・研究者・ボランティア参加者・一般県民のすべてに関係を結ぶ。その中で最も重要な関係は、地方自治体の専門的職員とボランティア参加者の二方向である。前者は、両者の連携関係の下に地方自治体の当局へ文化遺産救出を働きかけ、地方自治体と共に救出活動を実施する。後者はやはり両者の連携の下に、当事者性を持ったボランティアを被

図1　地域における被災文化遺産救出態勢

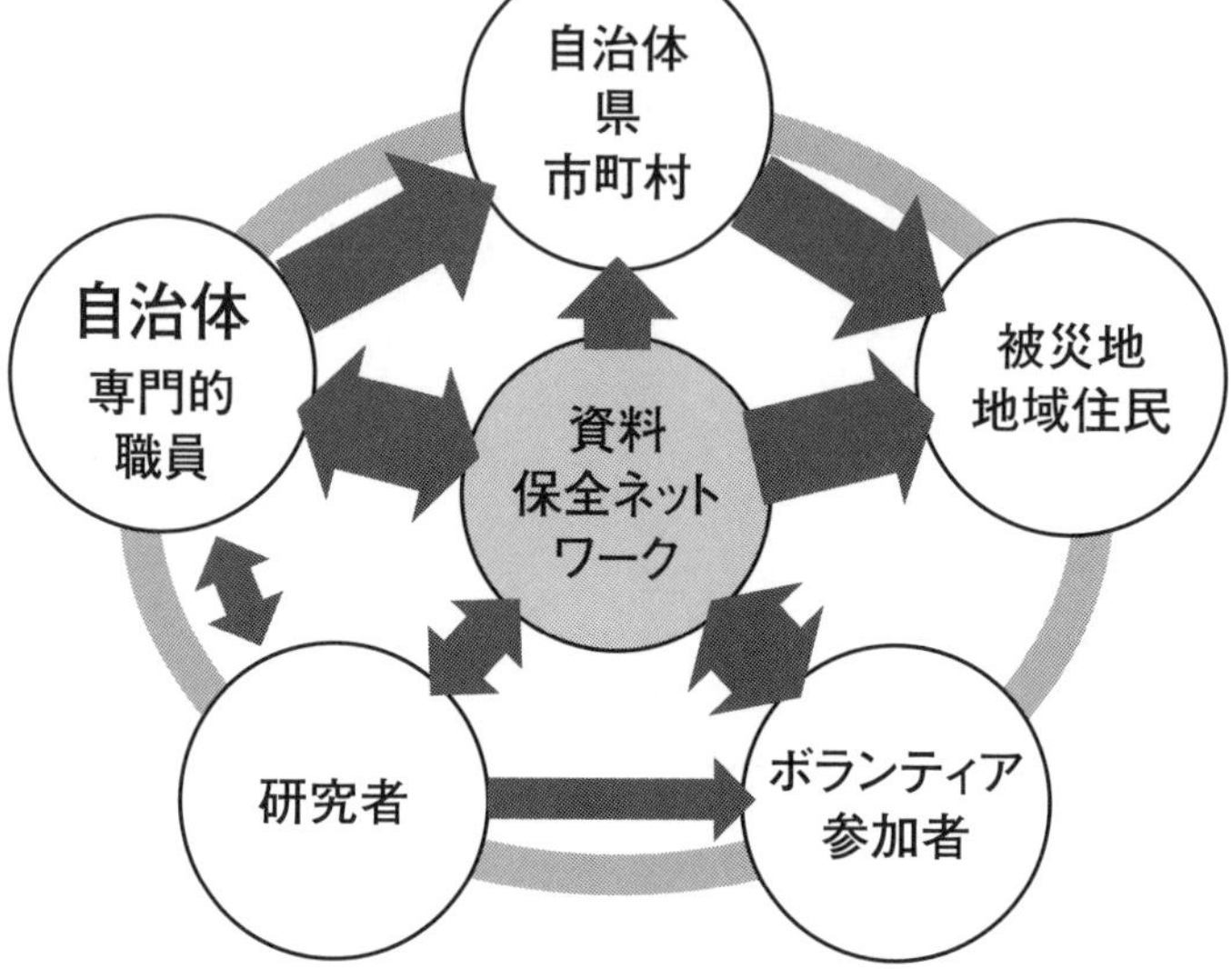

災地へ届け、救出活動を展開する。研究者は後方支援の位置にあり、資料保全ネットワークと地方自治体の専門的職員の二方向に関係を持つが、被災地との直接の関係はボランティア参加者となって構築される。

こうして地域における被災文化遺産の救出態勢は、下記の二方向で構築される。ここで資料保全ネットワークは両者の結節点に位置して、救出活動の円滑な実施に寄与することが期待される。

○［資料保全ネットワーク］→［地方自治体の専門的職員］→［地方自治体］→［被災地地域住民］

○［ボランティア参加者］→［資料保全ネットワーク］→［被災地地域住民］

（2）課題

上記の態勢を構築する上で、現時点でどんな課題が考えられるか。さしあたり三点を掲げておく。

ア　資料所在悉皆調査の推進

救出すべき文化遺産や歴史資料が、被災地のどこにあるのかわからない。これは阪神・淡路大震災以来言われ続けてきた課題である。そのため歴史資料ネットワークは、震災後二か月余りが経過した時点で巡回調査を開始した[41]。宮城歴史資料保全ネットワークは被災地での調査経験をもとに「一日型悉皆調査」の方法を確立し、平川新氏はこれを「宮城方式」と呼ぶ[42]。もっとも周知のとおり、一定地域を対象とした資料所在悉皆調査それ自体は、従来の地方史・地域史研究や自治体史編さん事業等で実践されてきた方法である。

二〇世紀後半を通じて地域における資料所在悉皆調査を提唱、実践してきた木村礎氏は、かつて資料所在悉皆調査を実施しない自治体史編纂事業に対して「古文書が刻々と散逸しつつある現代日本社会にあっては、きわめて無責任なやり方である」と批判した[43]。また歴史資料の多様性にも言及して「かつては考えられなかったような『物』が、歴史資料になってきた[44]」とも述べていた。この調査方法は全国各地の資料所在調査に継承され、近年では大分県先哲史料館による「記録史料（所在）調査事業」が知られる[45]。

木村氏の実践は災害時にどう生きたか、一つのエピソードを紹介しよう[46]。一九八〇年代に木村氏は茨城県西部の境町・旧明野《あけの》町（現筑西市）・旧千代川《ちよかわ》村（現下妻市）で資料所在悉皆調査を展開していたが、その最中に調査フィールドを貫く小貝川《こかいがわ》で水害が発生した。一九八六年（昭和六一）八月四日～五日朝の豪雨ののち、五日に小貝川上流域で破堤開始、翌六日夜に旧千代川村堤地部の住民へ避難命令が出された。当時、木村は旧千代川村で調査合宿を行っていたが、村教育委員会と協議の上、六日に調査メンバーを避難対象地域の旧家へ派遣して所蔵資料等を土蔵の二階へ上げる等の避難活動を行った。翌七日には破堤した旧明野町へ向かい、被災状況の視察と被災の危険があった旧家の資料等について避難活動を行った。この時、調査メンバーの訪問を受けた旧家の人々は、突然のことに驚きながらも素直に活動の申し出を受け入れて資料保全を行ったという。

迅速な避難活動が実現した理由は、木村氏が一〇年近くにわたりこの地域で資料所在悉皆調査を続けていた点にある。そのため資料の所在が明らかで、旧家の信頼を得ており、旧家の側も資料の存在や意義を認識していた。「宮城方式」の意義は、このような資料所在悉皆調査を被災地における方法としてバージョンアップさせた点にあると言えよう。私たちは、災害時に救出すべき文化遺産を見定めるため、これら平時・災害時における調査とその方法を改めて学ぶ必要がある。

イ　官と民の連携：県別史料協と資料保全ネットワーク

文化遺産の救出態勢における喫緊の課題は、官と民、すなわち地方自治体と民間ボランティア組織である資料保全ネットワークの間で、いかに連携を構築するかである。

その際、最初に想起されるのは、資料保全ネットワークに先行して設立され、県および市町村を会員として、県単位で公文書や歴史資料の保存活用のための活動を展開する県別史料協の存在である。県別史料協は一九七一年（昭和四六）設立の大阪府市町村編集事務連絡協議会が最も古く、多くが一九八〇～九〇年代に設立された。一方、資料保全ネットワークは、冒頭で述べたとおり一九九五年（平成七）設立の歴史資料ネットワークが最初で、二〇〇〇年（平成一二）以降に設立が相次いでいる。茨城県では叶わなかったものの両者の連携の可能性は、前述した新潟中越地震における新潟史料ネットと新史料協との関係に見ることができる。

それを考える前提として、現在、県別史料協と資料救出・保全ネットワークは各都道府県にどのくらい設立されているのか、確認する必要がある。**表3**はその一覧である。表中の区分について、Aは県別史料協の典型である市町村など行政機関主体の組織を示し、Bは資料救出・保全ネットワークの典型であるボランティアの組織を示し、CはAを基本としながら地域史研究団体など民間組織やボランティアを構成員に含む両者混合の組織を示す。

表3から、九州地区を除けば大半の都道府県で、どちらかの組織が設立されていることがわかる。鳥取県と島根県の場合は、同じ資料保全ネットワークが活動している。このほか表には記載していないが、一九八九年(平成元)に東海北陸地区公文書等保存活用事務協議会が設立されている。設立時には愛知県・岐阜県・三重県・富山県・石川県・福井県・静岡県・名古屋市・一宮市が参加し、事務局は持ち回りで担当した[47]。周知のとおり、このような広域の史料協として、全国組織である全国歴史資料保存利用機関連絡協議会(全史料協)が存在する。一方で資料保全ネットワークの側は、前述のとおり歴史資料ネットワークが全国を網羅して活動している。

両者が並列する(した)都道府県は茨城・千葉・神奈川・新潟の四県である。そのうち茨城は茨城史料協が活動を停止し、千葉・神奈川は資料保全ネットワークが設立されたばかりなので、両者が並列して活動するのは事実上新潟のみと言えよう。

国—都道府県—市区町村の行政組織の連絡システムは、あらゆる情報や施設を傘下に置くことのできる日本社会最大のインフラストラクチャーそのものである。これは基本的に平時のシステムなので、大災害のような緊急事態に即応の難しい場合があり、それを民間ボランティアが補ってきた。これが阪神・淡路大震災以後の社会状況である。国家規模の財政難が叫ばれ、一方で民間ボランティアの成長が社会的に認められる現在、被災文化遺産救出においても、官の組織力と民の機動力の連携へ模索が始まっている。「文化財レスキュー事業」とは、まさにそういう試みだったと言えよう。ここで表3のCへ注目したい。岐阜・沖縄の先駆例を除けば、ふくしま史料ネットは民間ボランティアの参加を前提とした、官民連携の文化遺産救出組織としての初例である。

現在、県別史料協は平成大合併の影響で会員市町村が減少している。また地方国立大学に基盤を置く資料保全ネットワークは、前述のとおり運営基盤が必ずしも強固ではない。その意味では両者共に組織上の課題を抱えている。資料保全ネットワークの場合、宮城のようにＮＰＯ法人を目指すか、あるいは組織的整備を図りつつ、ふくしま史料ネットのように混合型の組織を目指すか、等の選択肢があるだろう。二〇一二年度末に区切りが付けられる文化財救援委員会の動向も注視する必要がある。

但し、ここで留意すべきは、官民連携とはどちらか一方が他方へ依存する関係であってはならないことである。少なくとも行政組織は、民間ボランティアを体のいい無償労働者と考えてはならない。

表3　都道府県別　地域史料協および資料保全ネットワーク一覧表（二〇一二年作成）

区分の凡例＝Ａ：行政機関主体の組織　Ｂ：ボランティアの組織　Ｃ：両者混合の組織

都道府県名	会の名称	成立年	事務局	区分	備考
北海道	北海道自治体史編集連絡協議会	1993年	旭川市	Ａ	
青森県	（なし）				

岩手県	岩手歴史民俗ネットワーク	2011年	都南歴史民俗資料館	B	
秋田県	（なし）				
宮城県	NPO法人宮城歴史資料保全ネットワーク	2003年	東北大学	B	
山形県	山形文化遺産防災ネットワーク	2008年	個人宅	B	
福島県	福島歴史資料保存ネットワーク	2010年	福島大学	C	
群馬県	群馬県市町村公文書等保存活用連絡協議会	1997年	群馬県立文書館	A	
栃木県	栃木文化財・歴史資料救済・保全ネットワーク	2012年	個人宅	B	
茨城県	（茨城県市町村歴史史料保存活用連絡協議会）	1982年	（市町村持ち回り）	A	活動停止
	真壁郡市史料保存活用連絡協議会	1982年	（市町村持ち回り）	A	活動停止
	茨城文化財・歴史資料救済・保全ネットワーク準備会	2011年	茨城大学	B	
埼玉県	埼玉県地域史料保存活用連絡協議会	1974年	埼玉県立文書館	A	
千葉県	印旛郡市地域史料保存利用連絡協議会	1996年	（市町村持ち回り）	A	
	千葉県史料保存活用連絡協議会	1997年	千葉県文書館	A	
	千葉県文化財救済ネットワークシステム	2009年	千葉県立中央博物館	A	
	千葉県歴史・自然資料救済ネットワーク	2012年	千葉大学	B	
東京都	（なし）				
神奈川県	神奈川県歴史資料取扱機関連絡協議会	1991年	神奈川県立公文書館	A	
	神奈川歴史資料保全ネットワーク	2011年	（分担制）	B	
新潟県	新潟県歴史資料保存活用連絡協議会	1992年	新潟県立文書館	A	
	新潟歴史資料救済ネットワーク	2004年	新潟大学	B	
富山県	富山県歴史資料保存利用機関連絡協議会	—	富山県立公文書館	A	
石川県	（なし）			A	
福井県	福井史料ネットワーク	2004年	敦賀短期大学	B	
山梨県	（なし）				
長野県	長野歴史資料保存活用連絡協議会	1996年	長野県立歴史館	A	
岐阜県	岐阜県歴史資料保存協会	1977年	岐阜県歴史資料館	C	
静岡県	静岡県文化財等救済ネットワーク	2012年	静岡県教育委員会	C	
愛知県	（なし）				
三重県	歴史的・文化的資産保存活用連携ネットワーク	2011年	三重県史編さんグループ	C	

滋賀県	（なし）				
京都府	（なし）				
大阪府	大阪府市町村編集事務連絡協議会	1971年	大阪市史編集所	A	
奈良県	（なし）				
和歌山県	歴史資料保全ネット・わかやま	2011年	和歌山大学	B	
兵庫県	歴史資料ネットワーク	1995年	神戸大学	B	
鳥取県	（山陰歴史資料ネットワーク）				島根県と同じ
島根県	山陰歴史資料ネットワーク	2000年	島根大学	B	鳥取県と同じ
岡山県	岡山史料ネット	―	岡山大学	B	
広島県	広島県市町村公文書等保存活用連絡協議会	2001年	広島県立文書館	A	
	広島歴史資料ネットワーク	―		B	
山口県	資料ネットやまぐち	―	山口大学	B	
香川県	（なし）				
徳島県	歴史資料保全ネットワーク・徳島	2012年	鳴門教育大学	B	
高知県	（なし）				
愛媛県	芸予地震被災資料救出ネットワーク愛媛	2004年	愛媛大学	B	
福岡県	（なし）				
佐賀県	（なし）				
長崎県	（なし）				
大分県	大分県歴史資料保存活用連絡協議会	2010年	大分県立公文書館ヵ	C	
熊本県	（なし）				
宮崎県	（なし）				
鹿児島県	（なし）				
沖縄県	沖縄県地域史協議会	1978年	（市町村持ち回り）	C	

※地域史料協は新井浩文「都道府県史料協の成果と課題」（『埼玉県立文書館紀要』一二号、八七〜九九頁、一九九九年）を参照。
※資料保全ネットワークは歴史資料ネットワークＨＰ掲載「各地の資料ネット」を参照。

ウ 「歴史資料の現地保存主義」の再検討

東日本大震災が地域の文化遺産に与えた衝撃を考える時、文化遺産を保存・継承してきた地域社会自体が津波や放射能によって突然に存続できなくなった、その事実へ正面から向き合う覚悟を迫られる。これまでも、産業の一極集中政策や少子高齢化などを背景とした山間部の過疎化が、「限界集落」問題として取り上げられてきた。しかし今回、「地域社会の存続が、この震災でまさに一挙にリアルな問題となりつつある」[48]。特に福島第一原子力発電所事故に伴う立入制限地区から避難した人々は、いつ自宅へ戻れるのか、そもそも帰還することは可能なのか、将来の展望を開けずにいる。

いま立入制限地区では、過去から伝えられてきた文化遺産の大半が容易に持ち出すことのできない状態にある。一方で、立入制限地区内から救出された文化遺産、また甚大な津波被害によって再建を断念した地区の文化遺産は、元の地域に戻る見通しのない状況にある。これらの地における「歴史資料の現地保存主義」の実現は、現実問題として重大な困難に直面していると言わざるを得ない。

「歴史資料の現地保存主義」すなわち地域の文化遺産を地域で保存すべきという思想について、日本最初の提唱者は二〇世紀初頭の黒板勝美であるという[49]。しかしそれが社会的注目を浴びたのは一九六〇年代で、「日本史資料センター」構想へ反対する理論武装として登場した経緯を持つ[50]。その後は、地方自治体で歴史資料保存機関としての文書館・博物館・資料館を設立する理論として展開してきた[51]。今、地域の文化遺産が、その拠って立つべき地域に戻れない、あるいは戻せない時、地域の歴史資料は、誰が、どこで、どのような考え方に基づいて保存すべきなのか。「地域の復興なくして地域の歴史資料の保存はない[52]」。そのあとに続くべき確かな言葉と行動を、私たちはまだ確かな形で見つけられていない。

眼前の事態は、今後の「歴史資料の現地保存主義」のあり方について再検討を迫っているのではないか。それへの取り組みが、地域における被災文化遺産救出態勢の構築の背後に存在する、最大の課題であると言えよう。

［付記］本稿は二〇一二年七月八日に開催された歴史資料ネットワーク二〇一二年度総会シンポジウムにおける講演「地域の歴史資産を守るとはどういうことか」の内容に基づいている。また、本稿の執筆にあたっては本間宏氏の御教示を得た。記して感謝の意を表したい。

注

(1) 石橋克彦『大地動乱の時代――地震学者は警告する』(岩波新書、一九九四年)。
(2) 石橋克彦「原発震災　破滅を避けるために」(『科学』六七巻一〇号、一九九七年一〇月、七二〇～七二四頁)。
(3) 『歴史評論』六六六号(二〇〇五年一〇月)。「特集　災害と資料保存」と題して、神戸・新潟・宮城・福井・愛媛からの報告が掲載されている。
(4) 奥村弘「大規模自然災害における地域歴史遺産保全」(前掲注(3)、二～一二頁。のち『大震災と歴史資料保存――阪神・淡路大震災から東日本大震災へ』吉川弘文館、二〇一二年、一八～四四頁)。
(5) 平川新「災害『後』の資料保全から災害『前』の防災対策へ」(前掲注(3)、三三～四五頁)。
(6) 同右。
(7) 澤博勝・多仁照廣・長野栄俊・柳沢芙美子「福井史料ネットワークの設立と活動」(前掲注(3)、四六～五七頁)。
(8) 山本幸俊「新潟中越大震災と歴史資料保全活動」(『新潟史学』五三号、二〇〇五年五月、四八～六二頁)。矢田俊文「新潟歴史資料　救済ネットワークの活動」(前掲注(3)、一三～三二頁)。長谷川伸「災害と史料保存活動の課題」(『記録と史料』一五号、二〇〇五年一〇月、九四～九八頁)。

（9）行政機関の具体的な動向は、前掲注（8）諸論考のほか次の文献を参照。中川浩宣「新潟県中越大震災現地報告」（『会報』七〇号、全国歴史資料保存利用機関連絡協議会、二〇〇五年一月、一頁～一二頁）。『シンポジウム　新潟県中越地震からの文化遺産の救出と現状　資料集』（新潟大学人文学部地域文化連携センター、二〇〇五年）。

（10）田中洋史「新潟県中越大震災と資料保存」（地方史研究協議会編『歴史資料の保存と地方史研究』岩田書院、二〇〇九年、一八一～一九一頁）。

（11）前掲注（4）『大震災と歴史資料保存』二一四～二一七頁に、二〇一一年四月以降一二月までの文献目録が掲載されているほか、下記二点がある。国立歴史民俗博物館編『被災地の博物館に聞く――東日本大震災と歴史・文化資料』（吉川弘文館、二〇一二年）。歴史学研究会編『震災・核災害の時代と歴史学』（青木書店、二〇一二年）。

（12）岡田昭二・滝澤典枝「宮城県女川町役場の被災公文書の救援」（『記録と史料』二二号、二〇一二年三月、三～六頁）。

（13）白井哲哉・高橋修・山川千博「茨城県内の被災資料救済・保全活動」（『日本歴史』七六二号、二〇一一年一一月、八四～九〇頁）。高橋修・高村恵美・山川千博「茨城県内の文化財・歴史資料の震災被害と救済活動」（『歴史評論』七四〇号、二〇一一年一二月、七四～八五頁）。高橋奈緒『被災した民間所在資料の救出活動』（二〇一一年度筑波大学情報学群知識情報・図書館学類卒業論文、二〇一二年三月）。白井哲哉「茨城文化財・歴史資料救済・保全ネットワーク準備会（茨城史料ネット）の活動」前掲注（11）『震災・核災害の時代と歴史学』二七〇～二七四頁。藤井達也「茨城史料ネットの現状と課題」（『ヒストリア』二三二号、二〇一二年六月、一一〇～一一六頁）。高橋修「茨城史料ネットの設立と歴史資料の救済・保全活動」（特別展図録『東京低地災害史』葛飾区郷土と天文の博物館、二〇一二年一〇月、九六～一〇三頁）。

（14）白井哲哉「茨城における大震災被害と歴史資料の状況」（『関東近世史研究』七〇号（二〇一一年一〇月、六二～六三頁、本書第二章）。白井哲哉「『茨城史料ネット』の設立と資料救出活動」（『歴史学研究』八八四号、二〇一一年一〇月、三〇～三二頁、本書第一章）。高橋修「東日本大震災と茨城大学中世史研究会」（茨城大学中世史研究会編『茨城大学中世史研究会の震災体験』、二〇一二年三月、三～二一頁）。この高橋の報告には、本文で言及する「速報　東北関東大震災における茨城の被災状況」をはじめ、茨城史料ネット結成までの活動に関する資料が付されている。

（15）二〇一一年八月に『東日本大震災調査報告書　改訂版』として公表された。

（16）この集会は文字通り「緊急集会」だったので、当日の資料は各報告者のレジュメ以外作成されていない。集会の案内文および報告者リストは前掲注（14）高橋修「東日本大震災と茨城大学中世史研究会」の資料を参照のこと。また集会の様子は下記を参照のこと。川上真理『茨城の文化財・歴史資料の救済・保全のための緊急集会——文化財・歴史資料の救済のために、いま、何ができるのか』参加記」（『地方史研究』三五三号、二〇一一年一〇月、八一～八三頁）。中澤惠子「（参加記）東日本大震災茨城の文化財・歴史資料の救済・保全のための緊急集会」（『千葉史学』五九号、二〇一一年一二月、八三～八四頁）。

(17) この整理作業については、冨善一敏「記録史料レスキューボランティア参加記」（『東京大学経済学部資料室年報』二号、二〇一二年三月、一二～一五頁）を参照のこと。

(18) 前掲注（13）藤井達也「茨城史料ネットの現状と課題」を参照。

(19) 茨城史料ネットニュースレターNo.38（二〇一二年四月一一日）を参照。

(20) 茨城史料ネットニュースレターNo.47（二〇一二年五月二七日）を参照。

(21) 茨城史料ネットニュースレターNo.53（二〇一二年七月二五日）を参照。

(22) 以下、「ふくしま文化遺産保存ネットワーク」については、主に本間宏「ふくしま歴史資料保存ネットワークの趣旨とイメージ」を参照。これは二〇一〇年一一月二七日開催のふくしま史料ネット発足記念講演会における事務局配付資料で、現在はふくしま史料ネットホームページに掲載されている。

(23) 「『歴史資料』の保存に関するアンケートについて」（『福島県史料情報』一四号、福島県歴史資料館、二〇〇六年一月）。これは福島県歴史資料館ホームページで閲覧した。

(24) 本間宏「東日本大震災と福島県の文化財等救出活動」（二〇一一年一二月）。これは二〇一一年一二月一六日開催の東京文化財研究所主催第六回無形民俗文化財研究協議会で席上配布されたレポートである。一時、ふくしま史料ネットのホームページにも掲載されたが、その後に行政側の動きが本格化し、レポートの内容と齟齬が生じたとして自主的に削除されている。

(25) 福島県歴史資料館は、二〇〇六年度から福島県文化振興事業団（現、福島県文化振興財団）が指定管理者となっている。

(26) 泉田邦彦「津波、原発、避難生活と一時帰宅のこと」（前掲注（14）『茨城大学中世史研究会の震災体験』、三八～四一頁）は、双葉町出身で当時は茨城史料ネット事務局を務めた本人の、郷里滞在時における大震災発生から避難までの体験レポートであり、貴重にして重要な証言である。

(27) 阿部浩一「ふくしま歴史資料保存ネットワークの現況と課題」（『歴史学研究』八八四号、二〇一一年一〇月、三二～三三頁）。また、阿部俊夫「東日本大震災と歴史資料のゆくえ」（前掲注（14）『関東近世史研究』七〇号、五六～五八頁）。渡辺文久「いわき市における歴史資料の活動経過と課題について」（前掲注（14）『関東近世史研究』七〇号、五九～六一頁）。以下、ふくしま史料ネット活動開始期の記述は、主に各報告およびふくしま史料ネットホームページ掲載の活動経過年表による。

(28) 本間宏「東日本大震災と歴史資料保護運動」(前掲注(11)『被災地の博物館に聞く』一八八〜二〇五頁)。以下、第Ⅰ期の事例紹介は本報告による。

(29) 白井哲哉「フクシマから学ぶ歴史資料の保存と地方史研究」(『地方史研究』三五七号、二〇一二年六月、七五〜七八頁、本書第八章)。

(30) 茨城県内では、茨城県図書館協議会および茨城県博物館協議会が活動している。茨城県図書館協議会の場合、大震災発生直後から加盟館の被災状況調査に取り組み、報告書『東日本大震災　茨城県内図書館被災記録集』(二〇一二年)を刊行した。また茨城県博物館協会の場合、二〇一一年一二月一日開催の研修会で講演「被災自然史標本の救出から広がる博物館活動へ」を開催した。なお『茨城県博物館協会ニュース』三七号(二〇一二年三月)を参照。ただし両者とも、館外に所在する文化財や歴史資料の救出へ組織的には携わっていない。

(31) 二〇一二年五月に竜巻被害を被ったつくば市北条地区では、それ以前から地域の民家調査、保存活動、町おこし活動を継続してきた、筑波大学芸術学系の安藤邦廣氏および同大学システム情報工学系の藤川昌樹氏らが現在も活動している。

(32) 奥村弘「地域歴史文化における大学の役割」(前掲注(4)『大震災と歴史資料保存』一五一〜一七八頁)を参照。

(33) 文化財保護法は、第一章総則の第三条で国および地方自治体に対して「文化財がわが国の歴史、文化等の正しい理解のため欠くことのできないもの」「将来の文化の向上発展の基礎をなすもの」という認識を持つよう求める。そして第四条では「法律の目的を達成するために行う措置に誠実に協力しなければならない」と明記する。このあとに各種指定文化財の条文が続くのだから、指定文化財のみが保護行政の対象という理解は成り立たない。また各種指定文化財とは、例えば第二七条で「有形文化財のうち重要なものを重要文化財に指定することができる」とあるように、所在等の基礎調査を通じて地域の文化財の特徴や様相を解明した上で、専門的見地から「重要」と認められたものを指す。そもそも基礎調査の対象は未指定文化財であるから、ここでも上記の理解は成り立たないのである。

(34) 県別史料協については、新井浩文「都道府県史料協の成果と課題」(『埼玉県立文書館紀要』一二号、一九九九年三月、八七〜九九頁)を参照のこと。

(35) 新潟県歴史資料保存活用連絡協議会長から各市町村歴史資料(文化財)主管課長並びに文書主管課長宛て平成一六年一一月一七日付の新史料協第二五号「新潟県中越地震に伴う歴史的文書等の保全について(要請)」。これは前掲注(9)『シンポジウム新潟中越地震からの文化遺産の救出と現状　資料集』の一六頁に掲載されている。
(36)宮城歴史資料保全ネットワークの資料救出・保全活動参加者データに拠れば、女性を中心とする一般市民が多数参加する一方で、いわゆる歴史研究者の参加が著しく少ないという。なお、二〇一二年一〇月二三日に開催された資料保存研究会主催第六回資料保存シンポジウムにおける佐藤大介報告「災害に備えた地域の歴史資料保全」等からの知見である。
(37)前掲注(4)奥村弘「大規模自然災害における地域歴史遺産保全」、二五頁。
(38)ここでは、佐々木俊尚『「当事者」の時代』(光文社新書、二〇一二年)と、同様の問題をフクシマに引き付けて論じた池田雄一「われら『福島』国民」(河出書房新社編集部編『思想としての3・11』河出書房新社、二〇一一年、一四一～一五一頁)を主に参照。
(39)具体的な報道対応の記録は、茨城史料ネットのホームページを参照のこと。
(40)前掲注(13)高橋奈緒『被災した民間所在資料の救出活動』を参照。
(41)前掲注(4)奥村弘「大規模自然災害における地域歴史遺産保全」を参照。
(42)前掲注(5)平川新「災害『後』の資料保全から災害『前』の防災対策へ」を参照。
(43)木村礎「資料の調査・整理・保存の手引」(『木村礎著作集X　史料の調査と保存』名著出版、一九九七年、二九～四七頁)。なお初出は一九七一年。その最大の実践である神奈川県史編纂事業における調査については、小松郁夫「古文書の調査・保存と木村礎先生」(『記録と史料』一六号、二〇〇六年三月、三一～三六頁)を参照のこと。
(44)木村礎「文献資料の性格とその調査」(同右『木村礎著作集X　史料の調査と保存』五一～七四頁)。なお初出は一九七四年。
(45)平井義人「歴史資料の調査と自治体の役割」(『地方史研究』三五九号、二〇一二年一〇月、七六～八〇頁)。
(46)木村礎『戦前・戦後を歩く――歴史家の語るわが人生』(日本経済評論社、一九九四年、二八七～二八八頁)を参照。ただしこの一件は、ほかに全くと言っていいほど記録されていない。
(47)前掲注(34)新井浩文「都道府県史料協の成果と課題」のほか、『愛知県公文書館だより』九号(二〇〇五年二月)掲載の同協議会総会開催記事を参照。
(48)山下祐介『限界集落の真実――過疎の村は消えるか?』(ちくま新書、二〇一二年)一一頁。
(49)高木博志「現地保存の歴史と課題」(『日本史研究』六〇二号、二〇一二年一〇月、四六～六四頁)。
(50)木村礎「文書館をどうつくるか」(前掲注(43)『木村礎著作集X　資料の調査と保存』三六五～三七五頁)、そのほかに同書所収の諸論考を参照のこと。
（51）同右『木村礎著作集Ⅹ　資料の調査と保存』のほか高野修『地域文書館論』（岩田書院、一九九五年）を参照のこと。
（52）前掲注（29）を参照のこと。

第四章　原子力災害被災地における民間アーカイブズ救出・保全の課題

――福島県双葉町の実践から

一　問題の所在

本章は、東日本大震災で原子力災害に被災した福島県双葉《ふたば》町における活動実践の紹介を通じて、被災した民間アーカイブズ（以下、被災資料と略す）救出・保全の課題について考察するものである。最初に、福島県の原子力災害被災地における被災資料の救出・保全活動とそれに伴う先行研究および報告等を概観し、問題の所在を確認する。

周知のとおり、被災資料の救出活動は一九九五年（平成七）の阪神・淡路大震災に際して本格的に開始された。その特徴は、地方国立大学に事務局を置き、教員・大学院生・大学生を中心メンバーとするボランティア組織、「史料ネット」[1]と総称される資料保全ネットワークを核として国、地方自治体、一般市民等との連携・協業による救出活動を展開した点にある。資料保全ネットワークの嚆矢は神戸大学に事務局を置く歴史資料ネットワークであり、二〇一四年（平成二六）時点で資料保全ネットワークは二一団体を数え、中には行政機関に事務局を置く例も見られる[2]。

二〇一四年までの資料保全ネットワークの活動は奥村弘氏の編著で総括され[3]、本稿の対象地域である福島県については本間宏氏と阿部浩一氏が報告している[4]。本間氏は被災直後から、福島県における民間アーカイブズの被災状況や資料救出活動について精力的に報告している[5]。阿部氏はふくしま史料ネット代表として被災資料救出の活動を主導している[6]。

福島県の被災資料救出活動は、管見の限り中通り地区（県央部）の須賀川《すかがわ》市、国見《くにみ》町、飯舘《いいたて》村と、浜通り地区（県東部）のいわき市、富岡《とみおか》町、大熊《おおくま》町、双葉町、南相馬《みなみそうま》市で展開され、その多くはふくしま史料ネットと福島大学が中心になって取り組まれた。また、いわき市では茨城史料ネットやＮＰＯ法人歴史資料継承機構等との連携で救出活動が実施されており[7]、県外の資料保全ネットワーク等の団体も多数協力している。

しかしながら大熊町、富岡町、双葉町など、原子力災害で全町民避難を余儀なくされ、現在も町域の一部が帰還困難区域（事故当初は警戒区域）指定で立入が制限された地域では、史料ネットのような一般ボランティアの活動が極めて困難である。

原子力災害被災地の被災資料救出活動が知られる契機となったのは、二〇一三年（平成二五）二月に開催されたシンポジウム「ふくしま再生と歴史・文化遺産」で行われた、吉野高光氏（双葉町）、中野幸大氏（大熊町：当時）、三瓶秀文氏（富岡町）による三報告である[8]。また、文化庁「文化財レスキュー事業」の総括として二〇一三年一月〜二月に三回開催された「被災文化財等救援委員会公開討論会」でも、前出の吉野氏・三瓶氏のほか原子力災害被災地の資料救出活動に関わった東京文化財研究所・福島大学・福島県立博物館から諸報告が行われた[9]。

上記のとおり、原子力災害被災地における被災資料の救出活動報告は二〇一三年頃に被災自治体の担当職員から報告され始めたことがわかる。その背景には、災害と原子力発電所事故発生当初の緊急事態が当時多少なりとも落ち着きを見せたこと、また「被災ミュージアム再興事業」[10]が二〇一二年（平成二四）八月から開始されて、帰還困難区域内の文化財収蔵施設から資料を搬出して保全作業が進んだことが挙げられよう。

二〇一四年（平成二六）六月、富岡町は「富岡町歴史・文化等保存プロジェクトチーム（歴文ＰＴ）」を町役場内に発足させた。この背景には避難指示区域の再編がある。二〇一一年（平成二三）四月に福島第一原子力発電所から半径二〇キロメートル圏内で設定された警戒区域のうち、富岡町域に対する見直しが二〇一四年三月二五日に行われて、「帰還困難区域」「居住制限区域」「避難指示解除準備区域」が新たに設定された。これに伴い、将来に町民の帰還を目指す区域における除染作業が本格化し、住民の家屋も「解体除染」と呼ばれる取り壊しが始まった。そこで町内の旧家等に残されている地域アーカイブズを保全するために、役場内で前出の三瓶氏[11]と門馬健氏[12]を中心とする歴文ＰＴが発足したのである。

富岡町の歴文ＰＴは当初から福島大学と連携し、歴文ＰＴが現地で保全してきた資料に対して福島大学が目録作成と写真撮影を実施している。この過程で、二〇一五年（平成二七）八月二七日に「富岡町と福島大学との歴史・文化等保全活動に関する協定書」が締結された。この活動については徳竹剛氏の論考がある。[13]これは担当職員など被災の当事者以外で原子力災害被災地の資料救出を具体的に論じた貴重な成果である。

これらの活動成果や論考等を踏まえ、本章は被災の当事者ではない立場から、筆者が支援に従事する双葉町の被災資料救出・保全活動を検討し、そこから抽出される課題を論じる。双葉町では、町職員（学芸員）の吉野高光氏が被災直後から現在まで先駆的に資料救出活動を展開してきた[14]。また泉田邦彦氏は双葉町旧警戒区域内の民間アーカイブズを救出・保全すると共に諸論考を発表してきた[15]。これらの活動については西村慎太郎氏の報告がある[16]。

なお本章で用いる用語について、民間アーカイブズの「救出」は所蔵先の個人宅等から資料を搬出して安全な保管場所に移送すること、「保全」は長期保存活用に耐え得るようクリーニングや簡易な保存措置を施して目録を作成することを指す。

二　双葉町における被災資料の救出

ここでは双葉町における被災資料救出活動の経緯を紹介する。双葉町における被災資料の救出活動には、双葉町民の活動と双葉町教育委員会の取り組みがある。なお、災害資料の保全を含めた活動の全体は**表**にまとめた。

表　双葉町における被災資料・災害資料の救出・保全に関する関係年表

年	月日	被災資料・震災資料の救出・保全関係	双葉町・福島県・国・史料ネット等の動向
２０１１年	3月11日		東日本大震災発生、双葉町民は屋内退避、町内の各避難所へ計２５００人以上が避難
	3月12日		双葉町に全員避難指示、２２００人の町民が川俣町へ避難、１F１号機爆発

3月19日		1200人の双葉町民がさいたまスーパーアリーナへ避難
3月30日		さいたまスーパーアリーナに避難する町民が旧埼玉県立騎西高校校舎へ移動（～31日） 文化財レスキュー事業実施要項制定（文化庁次長決定）
4月1日		「双葉町役場埼玉支所」を設置、猪苗代町内に「猪苗代出張所」を設置
4月15日		東北地方太平洋沖地震被災文化財等救援委員会設置要項制定
4月16日		ふくしま史料ネット（2010年11月27日発足）が福島県内の被災資料救出活動開始を宣言
4月22日		政府が1Fから半径20㎞圏内に「警戒区域」を設定、双葉町全域を含む
5月20日	福島市内の撮影業者に預けていた古文書を引き取り、福島県立博物館へ一時保管依頼	
7月2日		茨城史料ネット設立宣言
7月13日	歴史民俗資料館収蔵の銃砲刀剣類を救出	
7月27日		いわき市で茨城史料ネット関係者とふくしま史料ネット関係者による意見交換
8月20日		葛飾区郷土と天文の博物館「環境学講座：東日本大震災緊急報告会」にて吉野高光報告、茨城史料ネット関係者が聴講
8月28日	泉田邦彦氏による資料の救出（1回目）	
9月7日	茨城史料ネットが救出された資料の整理を開始	
9月23日	歴史民俗資料館収蔵の昆虫標本と町内個人宅の町指定文化財（絵画）及び刀剣を救出	
10月14日		東日本大震災及び1F事故に伴う福島県内市町村立博物館等の資料保全検討会
10月28日		郡山市に「福島出張所」を設置
11月27日		ふくしま史料ネットが高線量地域に残された民俗資料の状況を国等に報告

	12月12日		茨城県つくば市内に「つくば連絡所」を設置
2012年	3月3日	泉田邦彦氏による資料の救出（2回目）	
	3月9日	歴史民俗資料館収蔵の剥製標本救出のため協力館と事前協議、レスキュー・マニュアルの作成	
	4月4日	歴史民俗資料館収蔵の剥製標本の梱包（～4月5日）	
	5月15日		福島県被災文化財等救援本部の設立総会
	5月24日	歴史民俗資料館収蔵の剥製標本の搬出、協力館へ一時保管依頼	
	7月14日	泉田邦彦氏による資料の救出（3回目、～7月15日）	
	7月24日	女宝才踊りの用具搬出を協力	
	7月26日		双葉町生涯学習事業「郷土文化教室」第1回、茨城史料ネットがつくば連絡所に講師派遣
	8月1日		双葉・大熊・富岡3町の博物館施設における収蔵資料の搬出事業開始
	8月7日	「文化財レスキュー事業」による双葉町歴史民俗資料館収蔵資料の梱包作業（1回目、～8月8日）	
	9月5日	「被災ミュージアム再興事業」による双葉町歴史民俗資料館収蔵資料の搬出作業（1回目）	
	10月15日		双葉町が役場機能のいわき市内へ移転を発表
	11月1日		双葉町生涯学習事業「郷土文化教室」第2回、茨城史料ネットがつくば連絡所に講師派遣
	12月11日	双葉町教育委員会と筑波大学図書館情報メディア系が資料の救出・保全について意見交換	
2013年	2月3日		福島市で福島大学シンポジウム「ふくしま再生と歴史・文化遺産」開催
	2月14日		旧相馬女子高校校舎の一時保管資料の一部を県文化財センター白河館（まほろん）へ移送
	3月7日		福島県文化財センター白河館（まほろん）文化財復興展「救出された双葉郡の文化財I」で双葉町の被災資料を展示（～6月9日）

	4月1日		筑波大学「復興再生・支援プログラム」採択：「東日本大震災被災地の記憶・記録の共有による地域コミュニティの再生のための情報基盤の構築」
	4月11日	双葉町役場埼玉支所が保有する災害資料の保全について、筑波大学と町教育委員会との連携事業の開始を合意	
	5月28日		双葉町の避難指示区域再編、町域の96%が「帰還困難地域」に設定
	6月1日	「福島県双葉町教育委員会と筑波大学図書館情報メディア系との震災関係資料の保全及び調査研究に関する覚書」締結	
	6月8日	双葉町役場埼玉支所及び旧騎西高校避難所の現状写真撮影	
	6月10日	双葉町役場埼玉支所及び旧騎西高校避難所の震災資料保全作業（～11日）	
	6月12日		双葉町役場埼玉支所移転作業（～14日）
	6月17日		双葉町役場いわき事務所開所
			旧相馬女子高校校舎の一時保管資料を県文化財センター白河館（まほろん）の仮保管施設へ移送（1回目、～6月18日）
	6月25日		『双葉町復興まちづくり計画』（第一次）公表
	6月29日	双葉町役場埼玉支所及び旧騎西高校避難所の震災資料保全作業（～30日）	
	9月17日	保全された震災資料を筑波大学春日エリアへ移送、資料整理作業開始	
2014年	1月18日		福島県文化財センター白河館（まほろん）文化財復興展「救出された双葉郡の文化財Ⅱ」で双葉町の被災資料を展示（～3月23日）
	2月10日	旧騎西高校避難所の閉鎖作業に伴って保全された災害資料を筑波大学春日エリアへ移送	
	3月15日	泉田邦彦氏によるH家文書の救出	

	3月27日		旧騎西高校避難所閉鎖、埼玉県へ施設返還
	6月29日	双葉中学校の避難所跡調査及び資料保全	
	8月30日	双葉北小学校・双葉町役場庁舎・鴻草公民館で避難所跡の調査及び資料保全、ＩＤ家文書の救出	
	11月26日	国指定史跡「清戸迫横穴」環境保全作業	双葉町長が福島県知事に東日本大震災アーカイブ拠点施設の設置を要望
2015年	3月8日	双葉中学校の避難所跡調査、ＩＭ家文書の救出	
	4月15日		福島県が「東日本大震災・原子力災害アーカイブ拠点施設有識者会議」（福島県有識者会議）を設置
	4月16日		筑波大学がホームページ「福島県双葉町の東日本大震災関係資料を将来に残す」を開設
	6月4日	町指定文化財の仏像を帰還困難区域から救出・保全	
	6月20日	茨城史料ネットが廣田家文書の資料整理開始（1回目、～6月22日）	
	9月6日	保全された被災資料の整理作業（第1回）	
	9月10日		福島県有識者会議が「東日本大震災・原子力災害アーカイブ拠点施設の機能、内容等について（報告）」を提出
	12月12日	保全された被災資料の整理作業（第2回）	
2016年	4月15日		筑波大学がホームページ「福島県双葉町の東日本大震災関係資料を将来に残す」英語版を開設
	5月24日	「文化財レスキュー事業」による双葉町歴史民俗資料館収蔵資料の搬出作業が完了	
	8月20日	ＩＺ家文書の救出	
	8月29日		福島県が東日本大震災アーカイブ拠点施設について双葉町内に建設を決定
	9月17日	ヘルスケア双葉の避難所跡調査	
	9月18日	保全された被災資料の整理作業（第3回）	
	11月7日	Ｈ家文書の整理作業が完了	

	11月10日		国立歴史民俗博物館・国立台湾歴史博物館が筑波大学来訪、双葉町の災害資料を調査
	11月		旧相馬女子高校校舎の双葉町分の一時保管資料を県文化財センター白河館（まほろん）へ移送完了
	11月30日		双葉町生涯学習事業「ふたば・かぞ生活学級　震災とふたば」開催、筑波大学で双葉町の災害資料を見学
	12月4日	保全された被災資料の整理作業（第4回）	
	12月20日		『双葉町復興まちづくり計画』（第二次）公表
2017年	3月9日		旧相馬女子高校校舎の全ての一時保管資料を県文化財センター白河館（まほろん）へ移送完了
	3月27日		福島県が「東日本大震災・原子力災害アーカイブ拠点施設基本構想」を策定
	4月3日	双葉町教育委員会が「レスキュー資料の保存措置及び目録作成等作業」の平成29年度事業化	
	5月17日		国立台湾歴史博物館が特別展示のため双葉町の災害資料を借用
	6月27日		国立台湾歴史博物館特別展「地震帯上の共同体」開幕（～12月3日）、双葉町の災害資料を展示
	7月18日		筑波大学が災害資料の複製を制作
	8月11日	IZ家文書の整理作業が完了	
	9月2日		いわき市で国文学研究資料館シンポジウム「地域歴史資料救出の先へ」開催
	9月3日	保全された被災資料の整理作業（第5回）、双葉町教育委員会「レスキュー資料の保存措置及び目録作成等作業」による第1回作業	

（1）町民の被災資料救出活動

双葉町民で二〇一一年（平成二三）当時に茨城大学の学生だった泉田邦彦氏は、被災後に茨城史料ネット結成への参加などを経て、同年八月に自宅にあった民間アーカイブズの救出を独力で開始した[17]。搬出の際は放射線量を計測して表面計測値六五〇cpm以下のものを対象にしたという。搬出された資料は茨城史料ネットの支援により茨城大学で一時保管され、茨城史料ネットとNPO法人歴史資料継承機構の協力で目録作成作業が行われ、二〇一七年（平成二九）八月に目録編成を完了した。その後、泉田氏は二〇一五年（平成二七）に同町民のH氏が所有する文書群について線量計測と救出を行い、茨城史料ネットとNPO法人歴史資料継承機構の支援を受けて目録作成を行った。現在、二つの文書群に関する内容調査と分析が進められている。

（2）双葉町教育委員会の取り組み

双葉町教育委員会の救出対象には歴史民俗資料館収蔵資料と民間所在資料の二種類があり、さらに取り組み全体は独自行動、「文化財レスキュー事業」による作業、茨城史料ネット・筑波大学との連携に三区分できる[18]。

ア　独自行動

町教育委員会の独自行動について、歴史民俗資料館学芸員（当時）の吉野高光氏は被災直後の混乱の合間を縫って収蔵資料の救出に着手した。最初の救出対象は、当時の警戒区域内で盗難が頻発したため、保安上の問題から銃砲刀剣類、館内の空調設備が動かないためカビ等の発生が懸念された生物資料（標本・剥製）の二種類だった。銃砲刀剣類は二〇一一年（平成二三）七月に福島県立博物館へ一時保管を依頼した。

生物資料のうち昆虫標本は同年九月に市民グループへ保管を依頼した。

剝製標本の救出・保全（梱包・搬出）は独力では不可能なので、福島県・栃木県・茨城県内の自然系博物館計四館が協力した。当時は「文化財レスキュー事業」において原子力災害被災地からの博物館資料搬出は前例がなかったので、二〇一二年（平成二四）三月に事前協議が行われた。この時に資料持ち出しマニュアルが作成されて、外気の放射性物質を館内に持ち込まない措置、〈資料一点毎の線量計測〉→〈数値を記入したタグカード貼付〉という作業手順などを決めている。搬出する線量値の上限は六五〇cpm（当初は七〇〇cpm未満）と定めた。そして二〇一二年四月の二日間で剝製標本の梱包が行われ、同年五月に搬出されて協力館へ一時保管を依頼した。この独自行動による資料救出に対し、当時は異論もあったと想像されるが、この時の資料持ち出しマニュアルは「文化財レスキュー事業」の作業マニュアルと大枠で大差なく、その後の先駆的実践となった。

イ「文化財レスキュー事業」による作業

「文化財レスキュー事業」による作業が双葉町歴史民俗資料館で開始されたのは二〇一二年（平成二四）八月である。当時の福島県の担当者であった丹野隆明氏によれば、[19]二〇一二年八月一日から一一月二一日までの三か月半あまりに双葉町歴史民俗資料館・大熊町民俗伝承館・富岡町歴史民俗資料館の三館で延べ一八回の作業が行われたという。うち双葉町の分は六回である。具体的には、館内の資料を収蔵庫から運び出し、資料一点毎の線量計測結果を記入したカードを付して、トラックで一時保管場所である旧相馬女子高校校舎へ移送した。そして一時保管場所で整理作業を行ったのち、福島県文化財センター白河館（まほろん）に新設された仮保管施設（現在は五棟）に収納された。ちなみに、双葉町歴史民俗資料館からの資料の搬出が完了したのは二〇一六年（平成二八）五月、白河の文化財センターへ資料の移送が完了したのは翌年三月であった。

以上の歴史民俗資料館収蔵資料に比して、民間アーカイブズに対する取り組みは進行しなかった。この時期、二〇一一年九月に町指定文化財の美術工芸品を保全した以外は「文化財レスキュー事業」や「被災ミュージアム再興事」に専念せざるを得なかったと言うべきで、前述の泉田氏の活動のように行政の外部からの働きかけが必要な状態であった。

しかし資料救出にあたっては、調査地が帰還困難区域のため、町役場から復興庁に対して公益立入に関する事前届出が必要である。町民が全国各地に避難しているため、所蔵者の所在を探し出して資料救出の承諾を得るのが簡単ではない。また資料救出の当日は所蔵者が立ち会って作業を進める必要があり、種々の手続きや調整が必須である。そして、これらの手続きや調整はすべて町役場が行うので、被災資料の救出に対する町当局の理解、そして資料救出メンバーと町当局との間の信頼関係が不可欠の前提であった。

ウ　茨城史料ネット・筑波大学との連携

二〇一四年八月、茨城史料ネットのメンバーを中心とする数人が、初めて帰還困難区域内で被災資料の救出活動を行った。この活動が実現した前提に、第六章で詳述する茨城史料ネットと筑波大学による双葉町の災害資料保全に関する活動実績があった[20]。

茨城史料ネットは双葉町教育委員会からの依頼を受けて、二〇一二年（平成二四）七月と一一月に茨城県つくば市内のつくば連絡所で開催された「郷土文化教室」の講師を務めた。講師は泉田氏と筆者で、講座の内容は「避難した先の歴史と文化を学ぶ」である。メンバーはそれ以前に吉野氏と個人的面識があったが、これを直接のきっかけに茨城史料ネットと双葉町教育委員会の交流が始まり、筆者が同年一二月に埼玉県加須《かぞ》市の双葉町役場埼玉支所を訪問して支援の申し出を行った。当時、双葉町は埼玉県から福島県いわき市へ役場機能の移転決定を行った直後で、町として重視する震災記録の保全が課題となっていたので、二〇一三年（平成二五）四月に災害資料の保全を行うことで合意した。埼玉支所における災害資料の保全作業は、同年六月に茨城史料ネットを中心にふくしま史料ネットほか各地の史料ネットの協力を得て実施した。作業に先立ち、双葉町教育委員会と筑波大学図書館情報メディア系の間で災害関係資料の保全等に関する協定（**資料**）を締結して、保全された資料は筑波大学春日エリアで保管している。

双葉町の帰還困難区域の中には二〇一一年（平成二三）三月一一日夕方に設置された避難所の痕跡が残っている。そこで前述の協定に基づき、二〇一四年（平成二六）六月には双葉中学校校舎を手始めとして双葉町域の避難所跡の調査と資料保全活動を開始した。実は、前述の被災資料救出作業は、この避難所跡調査に併せて実施されたものである。なおメンバーの一部は、この間に双葉町の許可を得て歴史民俗資料館からの史料名出作業にも参加し、帰還困難区域における資料救出作業の実際を体験した。

二〇一七年（平成二九）九月までの間に実施した救出活動は全三回、救出した被災資料は三件の文書群で、このうち二件は所蔵者からの依頼を受けたものである。前述のとおり、帰還困難区域で救出作業を行う上でさまざまな手続きや調整が必要なので、所蔵者が積極的だと順調に作業を進めることができる。

資料　災害関係資料の保全等に関する協定

福島県双葉町教育委員会と国立大学法人筑波大学図書館情報メディア系との
震災関係資料の保全及び調査研究に関する覚書

福島県双葉町教育委員会（以下「甲」という。）と国立大学法人筑波大学図書館情報メディア系（以下「乙」という。）は、乙が実施する保全及び調査研究に係る甲が所有する震災関係の文書・記録・資料等の提供に関し、次のとおり覚書を締結する。

（目的）
第１条　この覚書は、東日本大震災及び福島第一原子力発電所事故以降、福島県双葉町で作成・収受された震災関係の文書・記録・資料等（以下「文書等」という。）について、双葉町役場及び町民の未曾有の被災経験の記憶・記録を残す目的のため、散逸防止のための保全及び調査研究に係る提供の内容を定めるものである。

（文書等の提供）
第２条　甲は、乙に対し、文書等を無償で提供する。
２　甲は、文書等を乙が実施する保全及び調査研究のみに提供し、乙は提供された文書等を保全及び調査研究のみに使用する。

（覚書の有効期間）
第３条　この覚書の有効期間は、平成25年６月１日から平成26年３月31日までとする。ただし、有効期間の満了の１月前までに、両者のいずれからも覚書の終了、見直し等の申出がない場合は、有効期間をさらに１年更新するものとし、その後も同様とする。

（目的外使用の禁止）
第４条　乙は、甲の事前の承諾なく、文書等を保全及び調査研究以外の目的に使用してはならず、また、第三者に提供してはならない。

（報告）
第５条　乙は、保全及び調査研究の結果を、保全及び調査研究の実施期間終了後速やかに、甲に文書及びデータで報告する。

（成果）
第６条　乙は、保全及び調査研究により得られた一切の成果物（以下「本成果物」という。）を甲に無償提供する。

（公表）
第７条　乙は、社会的使命を踏まえ、保全及び調査研究及び本成果物を公表することができる。なお、当該公表の内容、時期、方法等について、乙は甲に対し、事前に通知するものとする。

2　乙より前項の通知を受けた甲は、本成果の公表等に第8条に規定する秘密保持義務を負うべき対象が含まれていることなどを理由とする場合に、乙に公表内容を修正すべき旨の協議を申し入れることができる。

（秘密保持）

第8条　甲及び乙は、保全及び調査研究を通じて知り得た相手方の秘密について、調査研究及び保全作業の実施期間のみならず、実施期間終了後も秘密を保持し、第三者に開示してはならない。

（権利）

第9条　本覚書の締結及びこれに基づく文書等の提供は、乙に対して実施権その他の権利を付与するものではない。

（契約違反）

第10条　甲及び乙は、相手方が本覚書に重大な過失により違反した場合は、自ら被った損害の賠償を求めることができるほか、催告のうえ、本覚書を解約することができる。

（協議）

第11条　本覚書に定めのない事項及び疑義が生じた条項については、本覚書の主旨に鑑み、甲乙誠意をもって協議のうえ、その取扱を定める。

本覚書締結の証として、本書2通を作成し、甲乙記名捺印のうえ、各自その1通を保有する。

平成25年　6月　1日

甲　福島県双葉郡双葉町大字新山字本町 28
（埼玉県加須市騎西 598－1　旧騎西高校内）
福島県双葉町教育委員会
教育長職務代理者　　今　泉　祐　一

乙　茨城県つくば市天王台1丁目1番地1
国立大学法人筑波大学
図書館情報メディア系
系　長　　松　本　紳

（3）救出作業の実際

ここで二〇一五年（平成二七）三月に実施したＩＭ家文書の事例に基づき、現地における資料救出の作業手順を紹介しよう。まず、タイベックスーツに身を包んだメンバーが、地震で半壊した旧家の石蔵から資料を搬出する（写真1）。資料群は先代の所蔵者が整理したので十数個の箱にまとめられていた（写真2）。運び出した段階で一回目の放射線量の表面計測を実施し（写真3）、この時点で六五〇ｃｐｍ以上の計測値が出た資料は現地に残す。作業当日は雨が降っていたこともあり、資料を箱ごとビニール袋に収納した（写真4）。そして運搬のため車へ積み込み（写真5、写真6）、現地の保管場所へ移送する（写真7）。資料の現地保管場所には「文化財レスキュー事業」や「被災ミュージアム再興事業」で収蔵資料が搬出されたあとの双葉町歴史民俗資料館を使っている。

三　保全と整理作業

（1）三つの問題点

救出された資料の保全と整理にあたっては、原子力災害に制約を受けた三つの問題点が存在する。第一は前述のとおり、高線量地域から救出された資料が帯びている放射線量のチェック。第二は、救出された資料の現地外における保管場所の確保。第三は、住民が全国に避難した状況下での資料整理の方法である。

第一については、現地の保管場所と後述する現地外の整理場所の二か所でそれぞれ線量計測を行っている。表面線量値はその資料の周囲の空気中に存在する放射性物質の影響を受けるので、屋外から屋内、さらに放射線の影響を受けない地域へ移動させることで数値は低減する。この都合三回の線量計測により、資料整理参加者の安全と安心感を確保することができる。但し、本来であれば資料全点の線量計測を行うべきだろうが、後述する人員や時間の確保が困難であるため、現実には資料の収納箱の外側と内側、収納された資料の中から数点の抜き取り計測にとどまっている。この点については批判を受ける可能性があるが、現在まで六五〇ｃｐｍ以上の計測値が出た例はない。

第二については、双葉町教育委員会が管理可能な現地外の場所で資料を保管して、中性紙保存容器や防虫剤など整理に必要な資材を用意した。史料ネットによる資料整理では、大学で資料を保管してその場で整理作業を行う例があるが[21]、双葉町の救出資料の場合はいわき市内にある町役場の借り上げ施設で保管している。

第三については、双葉町役場いわき事務所が所在するいわき市内で会場を設営し、茨城史料ネットおよびふくしま史料ネットのメールニュースで募集した参加者と、当初から資料救出に携わってきた史料ネット関係者等で構成されたメンバーで資料整理を行っている。

前述のとおり、資料が帯びている放射線量には一定の配慮を行っているものの、「放射性物質濃度は低いから良い、ということにはならない」、「心理的安心感の保障が必要である」という指摘[22]も踏まえて、最後は個人の責任において資料整理への参加を求めている。ちなみに茨城史料ネットでは、前出の廣田家資料を含めて帰還困難区域からの救出資料の整理作業に学生・院生の参加を求めていない。また、この資料整理には双葉町民をはじめ福島県関係者に参加してもらいたいとの想いから、いわき市内に整理会場を設定した。残念ながら町民への広報はいまだ十分に届かず、町民の参加や見学は少ない。この点は後述する。

上記の問題点と諸事情から、現状では整理作業を年二回実施するのが限界である。それでも二〇一五年（平成二七）九月の第一回以来、毎回十数人が参加して資料整理作業は行われている。その約半数が固定メンバーである。

（2）整理作業の実際

ここで前出のＩＭ家文書の事例に基づき、資料整理作業の手順を紹介しよう。まず前述のとおり、救出された被災資料について現地の保管場所で二回目の線量計測を実施し（**写真8**）、その上で現地外（いわき市内）の保管場所へ移送している。整理会場では次の作業分担スペースを想定し、作業の進捗によって設営・撤収を行っている。ア：整理会場における三回目の線量計測（**写真9**）。イ：資料のクリーニング（**写真10**）。ウ：虫害が発見された場合の簡易保存措置[23]。エ：クリーニング終了後の資料に対し個体認識（封筒詰め）と番号付与（**写真11**）。オ：資料一点ごとの目録データ記述（**写真12**）。カ：資料一点毎の写真撮影（**写真13**）。整理会場全体の風景は**写真14**のとおりである。

上記の作業手順は、二〇世紀後半から関東地方で実施されてきた近世地域アーカイブズの整理手順に、資料のクリーニング・簡易保存措置・現秩序を反映した番号付与を加えて構成した。写真撮影を手順の最後に行うのは、年二回という限られた時間と人員の状況で効率化を図るためである。また、救出された資料群は町教育委員会の寄託となって所蔵者のもとに当分の間は戻らない現状を踏まえ、原資料による活用を原則として、写真を補助資料と位置づけたことによる。

（3）双葉町教育委員会における資料整理の事業化

この資料整理は、前述のとおり災害資料調査の際に被災資料が救出されたことに端を発しているが、前述の筑波大学と町教育委員会の協定では対象となっていない。そこで筆者から町教育委員会に対して資料整理の実施を提案した。町役場のカウンターで古文書整理のデモンストレーションを行うなどの説明の結果、筑波大学と町教育委員会の共催による資料整理の実施へ理解を得るに至った。具体的には、資料の管理・会場の確保・一般的な消耗品の負担を町教育委員会が担当し、専門的消耗品（中性紙保存容器等）の負担・一般への広報・参加者の募集と取りまとめなどを筑波大学が担当した。

資料整理が進み始めた二〇一五年（平成二七）秋と二〇一六年（平成二八）秋の二回、筆者と吉野氏が相談の上で町教育委員会へ資料整理と共に資料を活用する歴史講座の事業化を提案した。その後、二〇一六年に町教育委員会内部で検討の俎上に載り、資料整理の途上である現段階で資料の活用は時期尚早として、二〇一七年（平成二九）度に資料整理が事業化され予算措置が図られた。事業名は「レスキュー資料の保存措置及び目録作成等作業」で、双葉町が負担する消耗品と整理作業に参加するボランティアへ支給する交通費等の一部が予算計上されている。また、被災資料の救出・保全に当初から従事してきた三名のメンバーが、整理作業全体の指導者として依頼された。

これまで述べてきた双葉町における災害資料や被災資料の救出・保全の取り組み全体を通じて、双葉町が予算を計上した事業はこれが最初である。この意味から、今後の町における取り組みを展望する上で「レスキュー資料の保存措置及び目録作成等作業」の意義は大きい。

四　考察と展望

以上、福島県双葉町における被災資料の救出・保全活動について、被災地の当事者ではない立場から検討してきた。原子力災害の被災によって双葉町が全町民避難を強いられてから二〇一七年（平成二九）九月の時点で六年半、この間に双葉町が災害資料の保全へ着手して四年半、被災した民間アーカイブズの救出・保全へ本格的に着手して三年が経過した。ほかの被災地と比べて遅い足取りと思われるが、原子力災害被災地の現実とも言えよう。最後に双葉町の資料救出・保全活動の課題を考察し、被災資料救出活動全般への展望としたい。

前述のとおり、町教育委員会は二〇一三年（平成二五）四月に災害資料保全作業の実施を決定した。その背景には、当時の井戸川克隆前町長が震災に関する記録や資料を保全するよう全庁的に指示していたこと、同年六月に公表された『双葉町復興まちづくり計画（第一次）』に町民の要望として「震災・事故の教訓の記録と伝承」が明記されたことが挙げられる。

ところで同計画には「双葉町の歴史・伝統・文化の記録と継承」も明記されている。だがそこで挙げられた事例は、国指定史跡「清戸迫横穴墓」のほか「前田の大スギ」や「ダルマ市」と伝統芸能一般であり、民間アーカイブズなどの歴史資料は挙げられていない。町役場および町民の間で町内所在の民間アーカイブズに対する認識は不十分であると言える。

双葉町では一九八〇年（昭和五五）一二月に町史編纂事業を発足させた。本編四冊と資料集五冊を刊行して一九九五年（平成七）三月に第一巻の通史編刊行でいったん終了したのち、二〇〇二年（平成一四）三月に双葉町合併五〇周年記念として第五巻の民俗編を追加刊行した。このうち第三巻近世資料編について、監修者である岩崎敏夫氏は「代官によって治められていた所なので、藩関係のいわゆる役所文書は案外残されていない。それで個人所有の地方資料を丹念に集め、精選の上なるべく多く収録した。それでなお資料としては不足なので、地方以外の文献記録、例えば既存の市町村史などより抜粋して補ったところが多い」と述べ、双葉町に直接関係ない相馬藩政上の重要な資料も掲載したという。近世資料編は全体として、町外所在の相馬藩関係資料や文献の記述を引用した部分が多い。例えば双葉町は相馬野馬追の開催地域だが、第七章「南標葉郡の相馬野馬追」に掲載された資料九点のうち町内所在は三点、内訳は地方文書一点、藩主から拝領という資料の写真一点、「長塚村郷土誌」からの転載資料一点である。

岩崎氏が述べるとおり、第三巻には町内所在の近世文書も一定数が掲載され、その中には今回救出・保全された被災資料も見られる。救出された原文書を見ると、重要と判断された一部の文書にクリップで番号を付した例、文書に翻刻文を付した例など、当時の編纂調査の痕跡が確認される。番号が付されているので何らかの目録が作成されたことは確実だが、現在も目録は発見されていない。編纂事業終了後に、これらの原文書が参照される機会はなかったと想像される。

ここで双葉町関係の図書館郷土資料を調べると、(24) 町史編纂以前の時期は一九七〇～一九八〇年代に刊行された『双葉町文化財資料』シリーズ、一九七〇年代に刊行が始まる埋蔵文化財発掘報告書、二〇世紀初頭の郡誌や郷土誌などの行政による編纂物が大半を占める。民間では唯一、町史編纂委員だった松木清秀氏が一九九〇年（平成二）に著した『双葉町の人と伝説』を確認するのみである。吉野高光氏によれば、現在の双葉町民で郷土史家と呼ぶべき人々はほとんど確認できず、歴史民俗資料館でも古文書講座や歴史講座は開催されなかったという。

編纂調査を通じて、一部の所蔵者には資料の重要性が強く理解されていたことが明らかである。ごく一例ながら「重要書類」「常に土用干怠るな」等と書かれた文書箱が確認されている[25]（**写真15**）。だが上記の事情から考えると、町内所在の民間アーカイブズは編纂事業終了後、その存在を含めて大多数の町民から忘却されてしまったと言わざるを得ない。現在の町役場の方々が資料整理や歴史講座などに対してイメージを結びにくかったこと、町教育委員会から町民に資料整理への参加を呼びかけ続けてもなかなか関心を呼ばないことの理由は、全町民が郷里を離れて日本各地に分散避難するという厳しい状況だけではないと思われる。

かつて伊東多三郎氏は「その地方の固有な性質を持つもの」「特に郷土意識によって創造されたもの」他所から伝えられたものでも「地方の生活の中に溶け込んで、郷土色を豊かにしたもの」を「郷土性」と総称して、その「郷土性を重視した歴史」を郷土史と呼んだ[26]。その後、木村礎氏は、二〇世紀後半の地方史研究がその土地の「事物に即して歴史を書く」方法を等閑視してきたと批判して、郷土史の再評価を提唱した[27]。それを受けた平川新氏は、「その郷土の歴史を調査・分析し、その地域にある古文書やもろもろの文化財を未来に残していきたいと考えること」を自らの郷土史研究であると表明した[28]。

これらの議論の系譜を踏まえる時、現在の双葉町で被災資料の救出・保全活動が直面する課題の背景には、町役場や町民の方々が民間アーカイブズの存在や意義について知る機会を持てなかった数十年間の過去が存在することに気づく。そしてその根本には、この間に地元の人々が民間アーカイブズの保存や活用の現場に接する機会を持てなかったこと、言い換えれば〝郷土史の不在〟と呼ぶべき状況が指摘できる。同様のことは双葉町に限らず、他地域にも見られるのではないか。

以上から導き出される今後の展望は次の二つになるだろう。第一に、救出された民間アーカイブズが避難生活を続ける現在の町民の切り結び方を明示する調査研究、言い換えれば郷土史の語り直しという使命の自覚と実践(29)。第二に、地元の民間アーカイブズの存在や意義を町民に伝える普及活動の取り組みである。今、双葉町が進めている被災資料・災害資料の救出・保全活動は、町の郷土史の語り直しに向けた基盤整備にほかならない。しかし、その取り組みは始まったばかりである。今後は町教育委員会が主導して、民間アーカイブズと町民との結びつきを再構築する施策の検討が求められよう。筆者は引き続き支援と実践を通じて考察を進める所存である。

［付記］

本稿執筆にあたり、双葉町教育委員会教育総務課の吉野高光氏および国文学研究資料館の西村慎太郎氏には特段の御教示を賜った。末筆ながら深く感謝申し上げます。

注

（1）一般に「史料ネット」の名称は、神戸大学に事務局を置く「歴史資料ネットワーク」の略称として使用される。一方で近年は、日本各地に結成された同様のボランティア組織全体を指す語としても用いられる。ここでは後者の意味で「史料ネット」を使用する。

（2）三重県や静岡県の例が該当する。この点、史料ネットに先行して行政の枠組みで結成された史料協との関連を考慮する必要がある。白井哲哉「地域における被災文化遺産救出態勢の構築」(『国文学研究資料館紀要　アーカイブズ研究篇』九号、二〇一三年、本書第三章)を参照のこと。

(3) 奥村弘編『歴史文化を大災害から守る——地域歴史資料学の構築』(東京大学出版会、二〇一四年)。

(4) 本間宏・阿部浩一「歴史資料保全における福島県の課題」(前掲注(3)『歴史文化を大災害から守る』所収)。

(5) 本間宏「福島県における被災歴史資料の保護」(『日本歴史』九六〇号、二〇一一年)、本間宏「東日本大震災と歴史資料保護活動」(国立歴史民俗博物館編『被災地の博物館に聞く——東日本大震災と歴史・文化資料』吉川弘文館、二〇一二年)、本間宏「震災発生後一年、被災地における資料保存の現状と課題」(『地方史研究』三五九号、二〇一二年)、本間宏「『計画的避難区域』における文化遺産の保護」(阿部浩一・福島大学うつくしまふくしま未来支援センター編『ふくしま再生と歴史・文化遺産』山川出版社、二〇一三年)、本間宏「地域崩壊の危機と地域資料展」(『歴史学研究』九〇九号、二〇一三年)。

(6) 阿部浩一「ふくしま歴史資料保存ネットワークの現況と課題」(『歴史学研究』八八四号、二〇一一年)、阿部浩一「福島県における歴史資料保存活動の現況と課題」(歴史学研究会編『震災・核災害の時代と歴史学』青木書店、二〇一二年)、阿部浩一・大栗行貴「東日本大震災後の福島県における歴史資料保全活動」(『歴史』一一八号、二〇一二年)、阿部浩一「福島大学による歴史資料保全活動と地域連携」(前掲注(5)『ふくしま再生と歴史・文化遺産』所収)、阿部浩一「福島県の資料保全の現場から」(『歴史学研究』九三五号、二〇一五年)。

(7) さしあたり、茨城文化財・歴史資料救済・保全ネットワーク編『身近な文化財・歴史資料を救う・活かす・甦らせる』(二〇一四年)を参照のこと。

(8) 吉野高光「双葉町における文化財レスキューの現状と課題」、中野幸大「大熊町内の被災文化財救出活動について」、三瓶秀文「富岡町とそこにあった文化財の震災後の足取り」(いずれも前掲注(6)『ふくしま再生と歴史・文化遺産』所収)。

(9) 東北地方太平洋沖地震被災文化財等救援委員会編『語ろう! 文化財レスキュー』(二〇一三年)、丹野隆明「福島県における被災文化財等救援活動の経緯と課題」(前掲注(5)『ふくしま再生と歴史・文化遺産』所収)、菊地芳朗「文化財救援活動をつうじてみる福島の復興と課題」(『学術の動向』二一巻一号、二〇一六年一月)。

(10) 岩手・宮城・福島・茨城の被災四県を対象とした、文化庁「被災ミュージアム再興事業」(文化芸術振興費補助金、平成二四年五月一八日文化庁長官裁定)による。福島県では双葉町歴史民俗資料館・富岡町歴史民俗資料館・大熊町民俗伝承館・楢葉町歴史民俗資料館・須賀川市博物館の収蔵資料が対象となった。このうち双葉町・富岡町・大熊町の資料については、旧福島県立相馬女子高校の校舎への搬出と一時保管、福島県文化財センター白河館（まほろん）における維持管理に予算が充てられ、二〇二〇年度まで継続予定。

（11）三瓶秀文「旧警戒区域からの文化財保全への取り組み」（『地方史研究』三八四号、二〇一六年）、三瓶秀文「富岡町の歴史資料保全運動と今回の企画展の内容」（富岡町・福島大学・福島大学うつくしまふくしま未来支援センター編『ふるさとを 想う まもる つなぐ――地域の大学と町役場の試み』（二〇一七年）。

（12）門馬健「旧警戒区域における民有地域資料の救出活動」（『被災地フォーラム宮城報告書 ふるさとの歴史と記憶をつなぐ』神戸大学大学院人文学研究科、二〇一五年）、門馬健「原子力災害被災地と地域資料保全」（文化庁編『第二回全国史料ネット研究交流集会報告書』二〇一六年）。

（13）徳竹剛「富岡の地域資料保全活動が語るもの」（前掲注（11）『ふるさとを 想う まもる つなぐ』所収）。

（14）吉野高光「警戒区域における文化財レスキュー」（特別展図録『東京低地災害史』葛飾区郷土と天文の博物館、二〇一二年）、吉野高光「東日本大震災の被災状況と文化財保全」（『地方史研究』三七〇号、二〇一四年）、吉野高光「福島県浜通り地方を中心とした文化遺産継承の取り組み」（日本文化財学会編『文化財科学と自然災害 ふくしまの被災文化遺産の継承』二〇一六年）。

（15）泉田邦彦「茨城史料ネットのレスキュー活動」（『神奈川地域史研究』三〇号、二〇一三年）、泉田邦彦「警戒区域における『地域の記憶』継承への取り組み」（前掲注（5）『ふくしま再生と歴史・文化遺産』所収）、泉田邦彦「震災から三年を経た警戒区域のいま」（『南伊豆を知ろう』一号、NPO法人歴史資料継承機構じゃんぴん、二〇一四年）。

（16）西村慎太郎「東日本大震災で被災した医学書と近世在村医」（『国文研ニューズ』四二号（二〇一六年）、西村慎太郎「人命環境アーカイブズの地平」（『国文研ニューズ』四六号（二〇一七年）。

（17）以下、前掲注（15）泉田邦彦「警戒区域における『地域の記憶』継承への取り組み」および西村慎太郎「救出した歴史資料の射程」レジュメ（国文学研究資料館シンポジウム「地域歴史資料救出の先へ」、二〇一七年九月二日）を参照。

（18）以下、前掲注（14）の諸論考および吉野高光氏からの聞き取りを参照。

（19）前掲注（9）丹野隆明「福島県における被災文化財等救援活動の経緯と課題」を参照。

（20）吉野高光「東日本大震災に係る避難所関係資料の保全について」（『災害・復興と資料』三号、新潟大学災害・復興科学研究所危機管理・災害復興分野、二〇一四年）、白井哲哉「福島県双葉町役場が保有する東日本大震災関係資料の保全について」（『記録と史料』二四号、二〇一四年)。

(21)茨城史料ネットでもI家資料やH家資料を茨城大学で保管し、学内で資料整理作業を定期的に実施している。

(22)松岡要「『原発』と図書館」(『図書館評論』七六号、二〇一三年)、白井哲哉「原子力災害被災地における地域資料保全の現状と課題」(『明治大学図書館紀要　図書の譜』二〇号、二〇一六年。本書第九章)。

(23)武子裕美「双葉町救出資料整理活動における虫の駆除」(国文学研究資料館シンポジウム「地域歴史資料救出の先へ」におけるポスター発表、二〇一七年九月二日)。

(24)白井哲哉「二〇世紀郷土史家の歴史的位置」(名古屋大学近現代史研究会拡大例会「郷土史家の仕事とその遺産」における口頭報告、二〇一七年一〇月一四日)。

(25)I家文書の収納箱の一部には、先代の所蔵者による「古文書」「重要書類」「常に土用干を怠るな」等の記入が数多く見られる。文書に対する先代の所蔵者の意識は現在の所蔵者も承知していて今回の救出に繋がった。

(26)伊東多三郎「近代文化史上より見たる国史学」(『日本諸学振興委員会研究報告』四号、一九三八年。のち伊東多三郎『近世史の研究　文化論・生活論・学問論・史学論』第三冊(吉川弘文館、一九八三年に所収)、白井哲哉「地域の記録と記憶を問い直す意義」(白井哲哉・須田努編『地域の記録と記憶を問い直す――武州山の根地域の一九世紀』八木書店、二〇一六年)。

(27)木村礎「郷土史のよさ」(『地誌と歴史』一七号、一九七八年。のち『木村礎著作集Ⅳ　地方史を考える』名著出版、一九九七年に所収)。なお後掲注(28)平川新「歴史資料を千年後まで残すために」(二〇一四年)を参照。

(28)平川新「歴史資料を千年後まで残すために」(前掲注(2)所収)。

(29)泉田邦彦氏が自宅のある双葉町両竹地区で進めている地元の地名や民俗行事の聞き取り作業は、今後の町の郷土史を語り直す上で極めて重要な仕事である。なお、前掲注(5)泉田邦彦「警戒区域における『地域の記憶』継承への取り組み」を参照。

写真１　所蔵宅の石蔵から資料を搬出

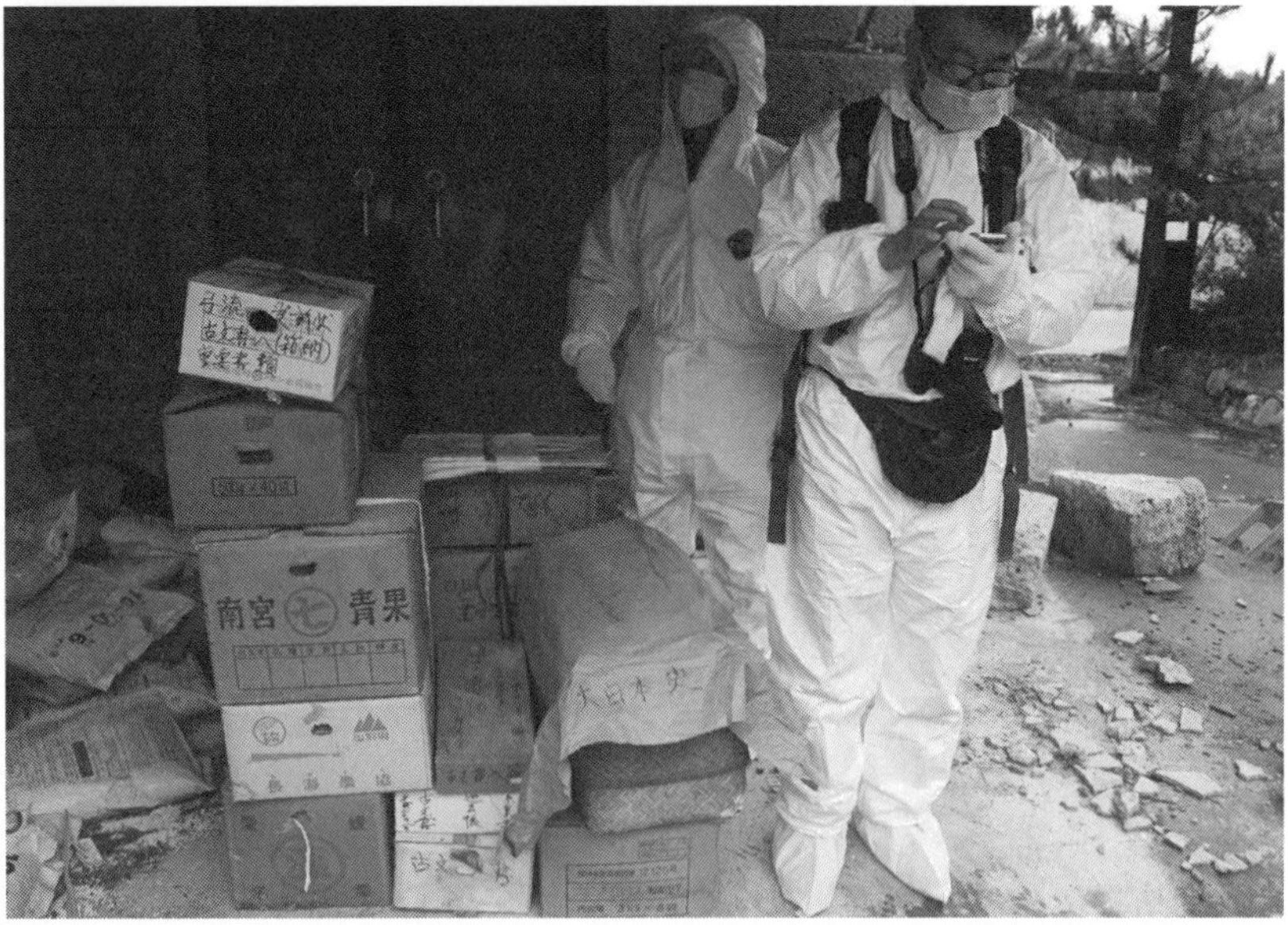

写真２　搬出直後の資料群

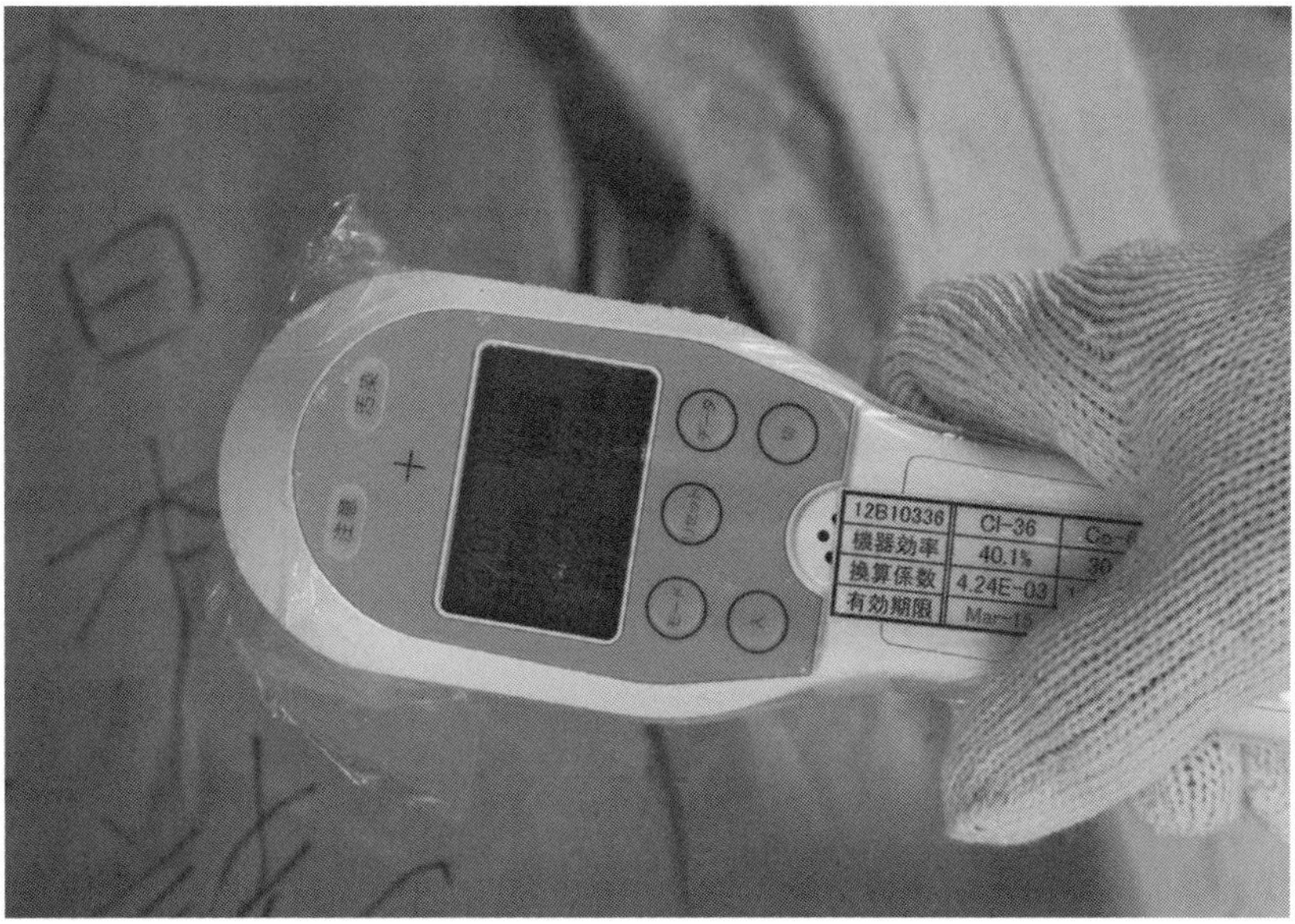

写真３　放射線量の表面測定（１回目）

写真４　資料群をビニール袋へ収納

写真５　資料の積み込み

写真６　資料の積み込み

写真７　現地保管場所に到着した資料群

写真８　放射線量の表面測定（２回目）

写真９　放射線量の表面測定（３回目）

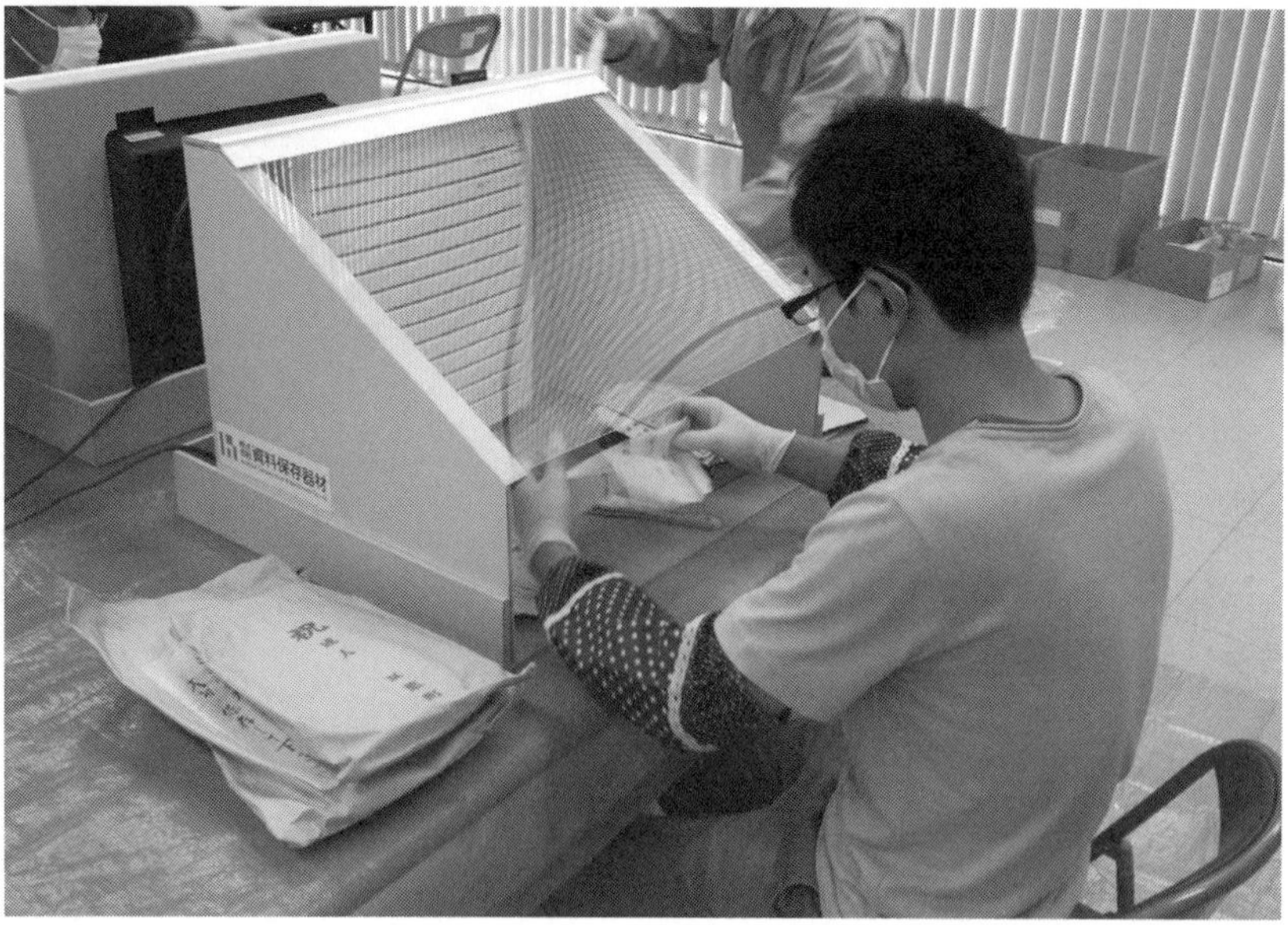

写真10　資料のクリーニング

写真11　資料の個体認識・封筒詰め・番号付与

写真12　資料一点ごとの目録データ記述

写真13　資料の写真撮影

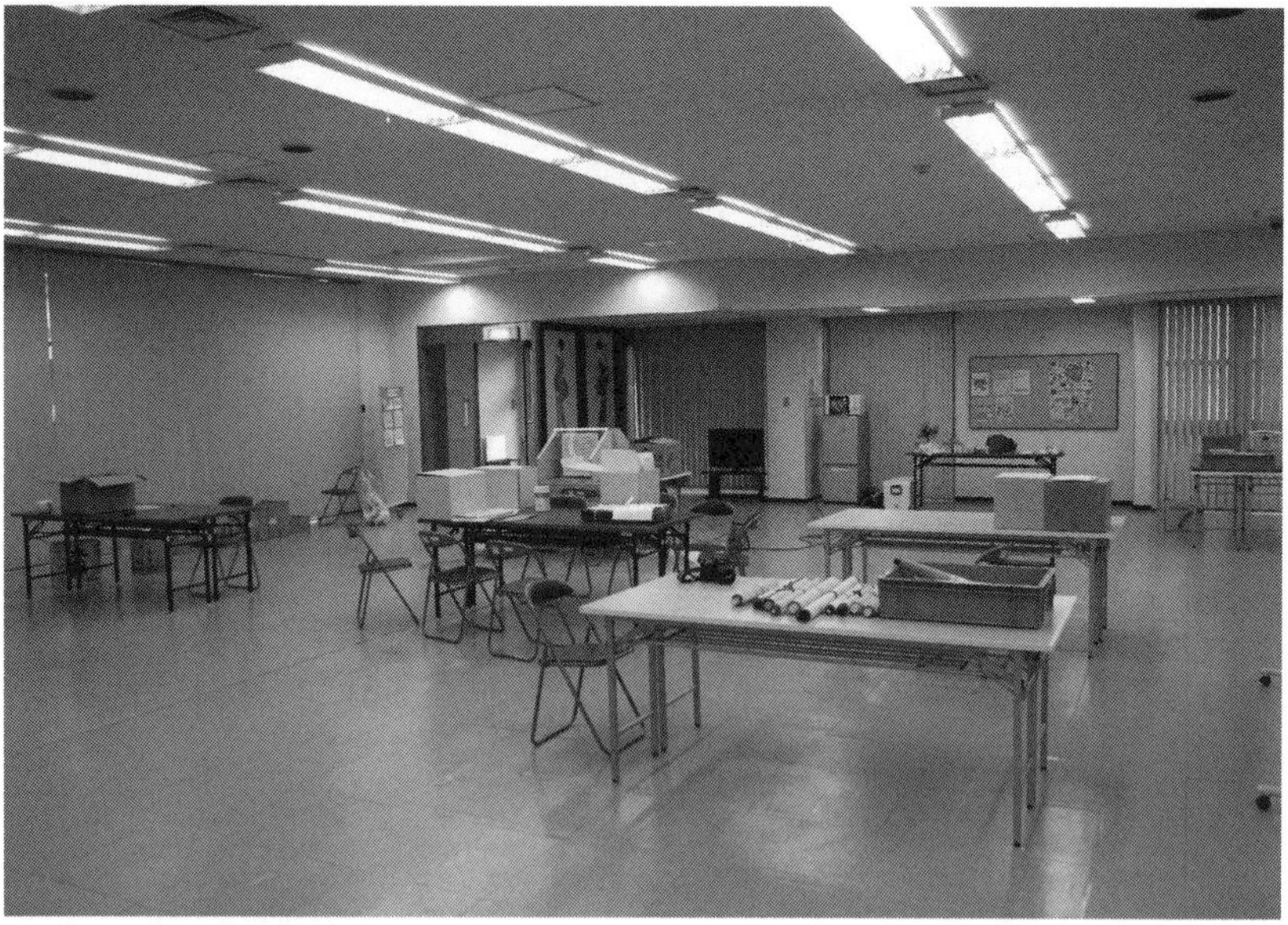

写真14　資料整理作業の会場風景

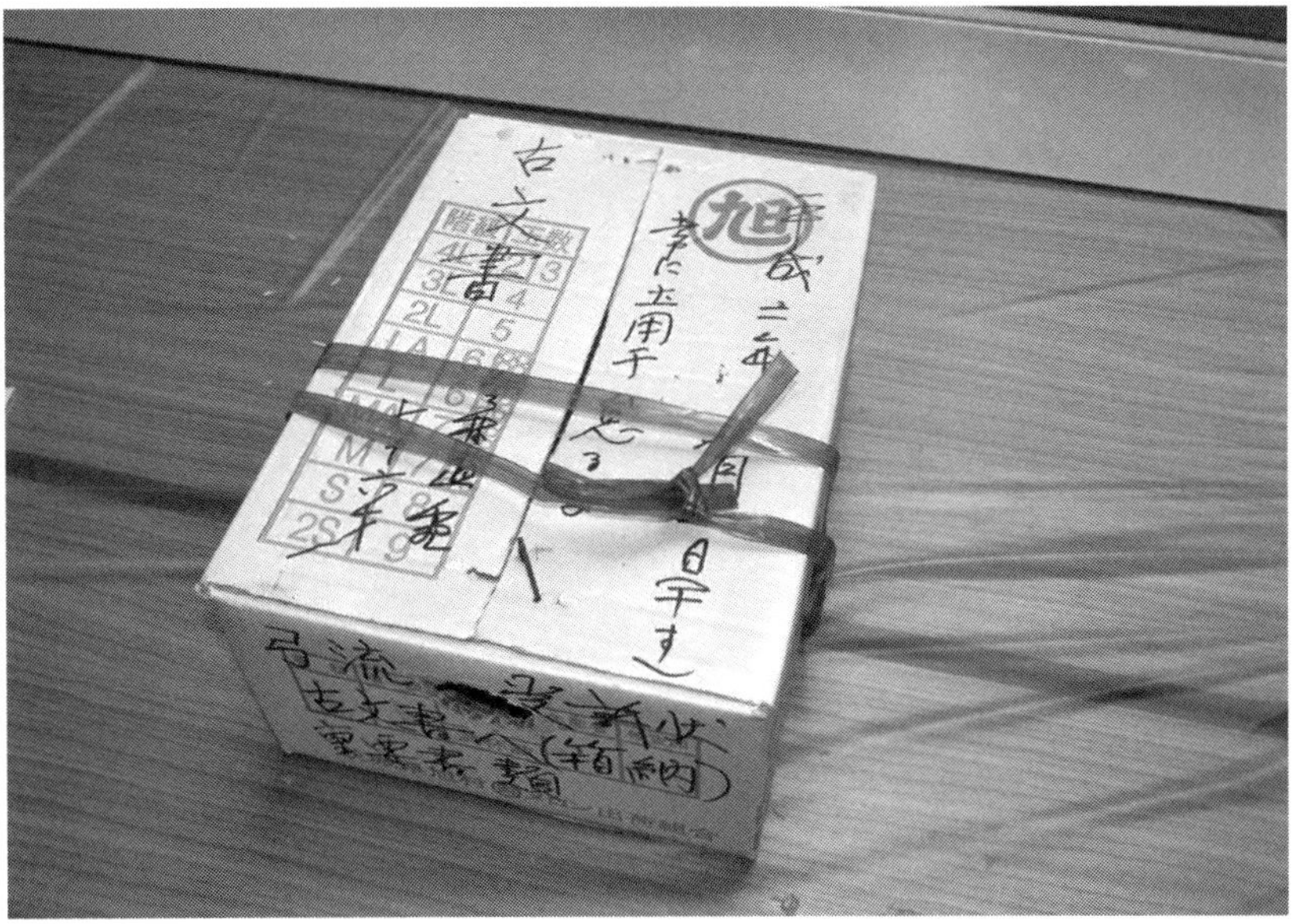

写真15　資料の収納箱の記述

附　震災資料の紹介ホームページ開設について

原子力災害の被災地である福島県双葉町が保有する震災資料の保全活動については『記録と史料』二四号で最初に報告し[1]、本書の第四章および第六章でも述べている。その後、筑波大学図書館情報メディア系は双葉町教育委員会と連携して、保全された資料を双葉町民の方々をはじめ多くの人々に公表し、大震災の被災経験と教訓を伝える一助とするためのホームページを二〇一五年（平成二七）四月に開設した。ここではホームページ開設に至る経緯、ホームページの構成、その後の取り組みについて紹介する。

まず、ここで用いる震災資料という言葉を定義しておく。神戸大学の奥村弘氏は、被災地域の歴史資料を「被災歴史資料」、大災害そのものを次世代に伝える資料を「災害資料」と命名した[2]。また、後者について佐々木和子氏は「さまざまな媒体の上に刻み込まれた人々の行動のあと、記録」と規定した[3]。これらを踏まえ、ここでは災害発生以前から存在して被災し被害の痕跡を伝える有形無形の資料を被災資料、災害の発生以後に収集・作成・収受された資料を災害資料と定義する。そして後者のうち、東日本大震災の被災地に関する災害資料を特に震災資料と呼ぶ。

被災資料は、文化財レスキュー活動の対象となる歴史資料を含む有形文化財等が代表的な存在である。このほか、人間行動の結果ではない地震や津波などの影響を受けた資料、例えば地震で動かなくなった時計、津波の威力で曲がった道路標識なども含む。災害資料は、災害そのものの情報や記録、被災への対応に関する文書やデータ類、避難先で収集または収受された物品やデータ類を想定する。被災者自ら作成した被災対応の物品や、国の内外から被災者に寄せられたさまざまな支援と激励の品々も含む。

一　ホームページ開設まで

本書第三章と第四章で述べたとおり、二〇一一年（平成二三）七月に結成された茨城文化財・歴史資料救済・保全ネットワーク（茨城史料ネット）は、当初から福島県浜通り地区の被災状況に関心を寄せていた。そして二〇一二年（平成二四）に双葉町つくば事務所で開催された歴史講座への協力をきっかけとして双葉町教育委員会との連携関係が生まれ、二〇一三年（平成二五）三月に筑波大学図書館情報メディア系と双葉町教育委員会の連携事業を開始することで合意した。

一方、筑波大学は二〇一一年五月に「復興・再生支援プログラム」を発足して東日本大震災の被災地支援を進めていた[4]。筆者が当時所属していた筑波大学図書館情報メディア系の知的コミュニティ基盤研究センターは、双葉町との連携を開始するにあたって大学本部と協議を行った。その結果、二〇一三年四月から二年間「復興・再生支援プログラム」として事業への財政支援を得ることが決定した。そして同年六月、茨城史料ネットの主導で双葉町役場埼玉支所および旧騎西高校避難所で保管されていた震災関係資料の保全作業を実施、翌二〇一四年（平成二六）二月までに筑波大学春日エリアへ保全資料を搬入した。

保全した資料は二〇一八年（平成三〇）現在も整理中のため全容は未解明だが、その中で寄せ書きなど国内外からの支援や激励の物品は相当数を占めると思われる。例えば千羽鶴は七〇点を確認しており、これを分析対象とした研究成果が出始めている(5)。

その後、二〇一四年二月に筑波大学と双葉町教育委員会による打ち合わせの際、二〇一四年度の連携事業としてホームページ開設を決定した。その際に二つの理由から、双葉町における震災資料の保全活動が行われているという事実と、国内外からの支援や激励の物品の写真を紹介の、二つの内容を中心に構成することとした。

理由の一つは素朴な気持ちで、全町避難のため日本全国に分散した双葉町民の方々へ支援や激励の物品を写真だけでも届けたいと思ったことである。これらの資料はもともと埼玉県内で保管されていたから、他の土地に避難された方々は知る機会がなかったはずである。そこで、まず双葉町の方々に資料の存在を知ってほしかった。町民の避難先は全都道府県に及んだ一方で、町役場は広報・情報伝達のためのタブレットPCを希望する町民に配布していたので、情報を届ける手段としてホームページが最も有効と考えられた。また、福島県浜通りで起きた原子力災害の実態と震災資料保全活動について、広く国内外に発信する必要も感じていた。

理由のもう一つは著作権への配慮である。保全された資料の大部分は文字資料もしくは言葉が書かれた資料で、著作権の発生する可能性があった。これらの写真をホームページで公開することは、複製によって著作者の権利を侵害する恐れがあったが、すべての資料について許諾を得ることは現実的に困難だった。そこでまず、物品を中心とすること、書かれている文字が「がんばれ」等の著作権が認められない程度の簡単な言葉であること、の二点を中心に資料を選択した。また各地からの寄せ書きは、その存在を町民の方々に見てもらうことを第一に考えたので、言葉が判読できない程度の写真で掲載することにした。

具体的な作業に着手したのは二〇一四年秋である。まずホームページ全体の設計を行って、制作を委託した。並行してホームページに掲載する資料の写真撮影を行った。資料の形態は多種多様で取り扱いが煩雑であり、また海外への発信に堪え得る精細画像を必要としたので、撮影は専門のカメラマンに依頼した。

二〇一五年三月末にホームページは完成、四月一六日に一般公開した。永田恭介・筑波大学長による定例会見の場で、半谷淳・双葉町教育委員会教育長および綿抜豊昭・知的コミュニティ基盤研究センター長の同席のもとで記者発表を行い、多くの報道を得た。一二月には双葉町役場の公式ホームページにリンクバナーが置かれた。

二　ホームページの内容

二〇一五年（平成二七）当初のホームページの名称は「福島県双葉町の東日本大震災関係資料を将来へ残す」である。トップページ**（写真1）**のほか「事業の目的と経緯」「大震災と双葉町の避難」「現在の双葉町」「保全された資料」「活動の記録」の五つのページで構成された。

（1）トップページ

ホームページ掲載の写真を中心に、案内文と新着情報コーナーで構成した。下部に制作主体である筑波大学図書館情報メディア系、知的コミュニティ基盤研究センター、双葉町役場のほか、これまで双葉町の震災資料保全活動に従事し、またはご協力いただいた機関のリンクバナーを設けた。(6)また「プライバシー及び著作権の保護等には、可能な限り配慮を心がけましたが、お気づきの点があればお知らせください」の一文を添えた。さらに二〇一六年（平成二八）一月には「震災資料の写真にタイトルを付けてください」のバナーも設置した。これは後述する。

（2）事業の目的と経緯

双葉町の震災資料保全事業の目的について、事業の開始に至る背景、ホームページ開設までの経緯について紹介するページである。この事業が茨城史料ネットの活動から始まったことを述べ、開設までの経緯を記録として掲載している。

（3）大震災と双葉町の避難

大震災および原子力発電所事故の発生以降、双葉町役場がたどった避難の過程をまとめた記述を掲載している。執筆にあたっては双葉町教育委員会から資料提供を受けた。双葉町の震災記録誌が出されるまで(7)は、この問題を概説した数少ない報告だった（本書第九章二に収録）。別ウィンドウでは、双葉町沿岸部を襲う津波の写真（町役場職員が撮影）や旧騎西高校避難所の写真などが見られる。但し、避難所の写真を見て不快に思う町民の方々もおられるので、バナーをクリックすると「続けますか？」の確認をするようになっている。

（4）現在の双葉町

二〇一四年に震災資料保全のために帰還困難区域内へ立ち入った際、筆者を含む調査メンバーが撮影した双葉町の現状写真である。具体的には双葉町役場の屋上からの風景、双葉中学校、双葉北小学校の写真を掲載している。二つの学校は大震災当日夜の避難所にもなっていた。双葉中学校はこの日が卒業式で、卒業生たちが書いた板書がそのまま残っていた。双葉北小学校では子供たちが板書した「おちついてこうどう」の文字が残っていた。これらの写真でも「続けますか？」の確認が行われる。

（5）保全された資料

保全された震災資料の写真について、千羽鶴、寄せ書き、狭山七夕祭り、その他の四つのカテゴリで掲載している。千羽鶴は完形（破損していない）品を実際に吊って写真を撮った（写真2）。寄せ書きは大凧や鯉のぼりなど一般的な模造紙以外の多種多様な形態のものを選択した。ほかには、Jリーグ選手から寄贈されたサイン入りサッカーボール（写真3）、旧騎西高校避難所に置かれていた仮設更衣室、支援品を届けた段ボール箱、避難所入退出受付の立て看板などを掲載した。なお、写真にはタイトルが付いていない。ホームページ制作の際、そこまで手が回らなかったのが正直な理由である。

（6）活動の記録

この事業についての報道記録、調査研究発表、その記録等の掲載ページとして作った。その他の記録として、双葉町教育委員会からの依頼により、二〇一六年一月に竹川佳津子氏による報告書「東日本大震災により他県へ集団避難した児童への支援——スクールカウンセラーの避難先小学校での取り組み」を掲載している。これは二〇一一年（平成二三）四月以降に埼玉県加須市立騎西小学校へ転入した、双葉町の避難児童一〇五名に対する三年間の支援活動の記録である。

三　その後の更新など

二〇一六年（平成二八）四月、このホームページの英語版を一般公開した。海外に向けた広報は全くと言って良いほどできていないので、残念ながら閲覧件数はごく少ないものの、手応えは得ている。第六章で述べるとおり、同年一一月、国立台湾歴史博物館から国際展示会「地震帯上の共同体——歴史の中の台日地震」における展示借用の依頼を受け、二〇一七年（平成二九）五月に震災資料が海外へ渡った。この話のきっかけはホームページの写真だった。

その後、二〇一八年（平成三〇）四月にトップページのデザインを一新し、タイトルを「福島県双葉町の東日本大震災アーカイブズ」と変更した（**写真4**）。今後、災害（震災）アーカイブズの紹介を少しずつ増やしていきたいと考えている。

また二〇一五年一月、トップページに「震災資料の写真にタイトルを付けてください」のバナーを設置した。これは筑波大学図書館情報メディア系の森島厚行教授と阪口哲男准教授のチームの協力を得て、Crowd4U[8]のマイクロボランティア・クラウドソーシングプラットフォームによって構築した、震災資料写真のタイトル付けシステムである。

クラウドソーシングとはCrowd（群衆）とsourcing（業務委託）の合成語で、ある仕事を不特定多数の人に委託して進める意味である。ＩＴ技術とコンピュータネットワークの世界的な拡大を背景に、コンピュータが処理できない仕事で散在する人手を利用する（ヒューマンコンピュテーション）システムが構築されつつある。例えば、ヨーロッパの古文書の難読文字（アルファベット）をインターネット上で誰かに解読してもらうシステムがある。また、飛行機が墜落した海域の細分化された写真をランダムに掲げて、何か漂流物等が写っていないかを大勢の人間でチェックするシステムが使われている。

このホームページでは、クラウド上にホームページと同じ資料写真データ（タイトルが付いていない）を置き、不特定多数の閲覧者がそこへキーワードを付けるあるいは付け直すシステムを構築した。日本語や英語のほか二〇以上の言語使用を想定している。

二〇一九年現在のシステムは、二〇一八年四月から震災後の双葉町の風景写真を新たに取り上げている。トップページのバナーをクリックすると専用ページが現れて**（写真5）**、「ものの写真」と「風景の写真」のバナーが示される。さらにクリックするとキーワード付けの専用画面が現れるシステムである**（資料6）**。

今後、タイトル付けが蓄積されたらホームページに反映させ、例えば資料写真をクリックすると多様な言語で書かれたタイトルが現れるようにすることを計画している。

注

（1）白井哲哉「福島県双葉町役場が保有する東日本大震災関係資料の保全について」（『記録と史料』二四号（二〇一四年）。

（2）奥村弘「なぜ地域歴史資料学を提起するのか——大規模災害と歴史学」（奥村弘編『歴史文化を大災害から守る——地域歴史

資料学の構築』東京大学出版会、二〇一四年）。

（3）佐々木和子「震災を次代に伝えるために――災害アーカイブの構築」（前掲（2）所収）。

（4）『筑波大学東日本大震災復興支援活動記録集』（筑波大学企画室、二〇一五年）を参照のこと。

（5）白井哲哉・川浦瑞花「震災アーカイブズの保全から活用へ――福島県双葉町の活動事例から」（全国歴史資料保存利用機関連絡協議会（全史料協）第四三回全国（神奈川相模原）大会ポスターセッション（二〇一七年一一月九日・一〇日）。

（6）茨城文化財・歴史資料救済・保全ネットワーク（茨城史料ネット）、いわき地域復興センター、神戸大学大学院人文学研究所地域連携センター、全国歴史資料保存利用機関連絡協議会（全史料協）、東北大学災害科学国際研究所（ＩＲＩＤｅＳ）、日本アーカイブズ学会（ＪＳＡＳ）、ふくしま歴史資料保存ネットワーク（ふくしま資料ネット）、福島大学うつくしまふくしま未来支援センター（ＦＵＲＥ）、宮城歴史資料保全ネットワーク（宮城史料ネット）、歴史資料ネットワーク、ＮＰＯ法人歴史資料継承機構、以上の一一機関である。

（7）『双葉町　東日本大震災記録誌　後世に伝える震災・原発事故』（双葉町、二〇一七年）。

（8）以下、Crowd4Uについては次を参照のこと。
https://crowd4u.org/ja/about

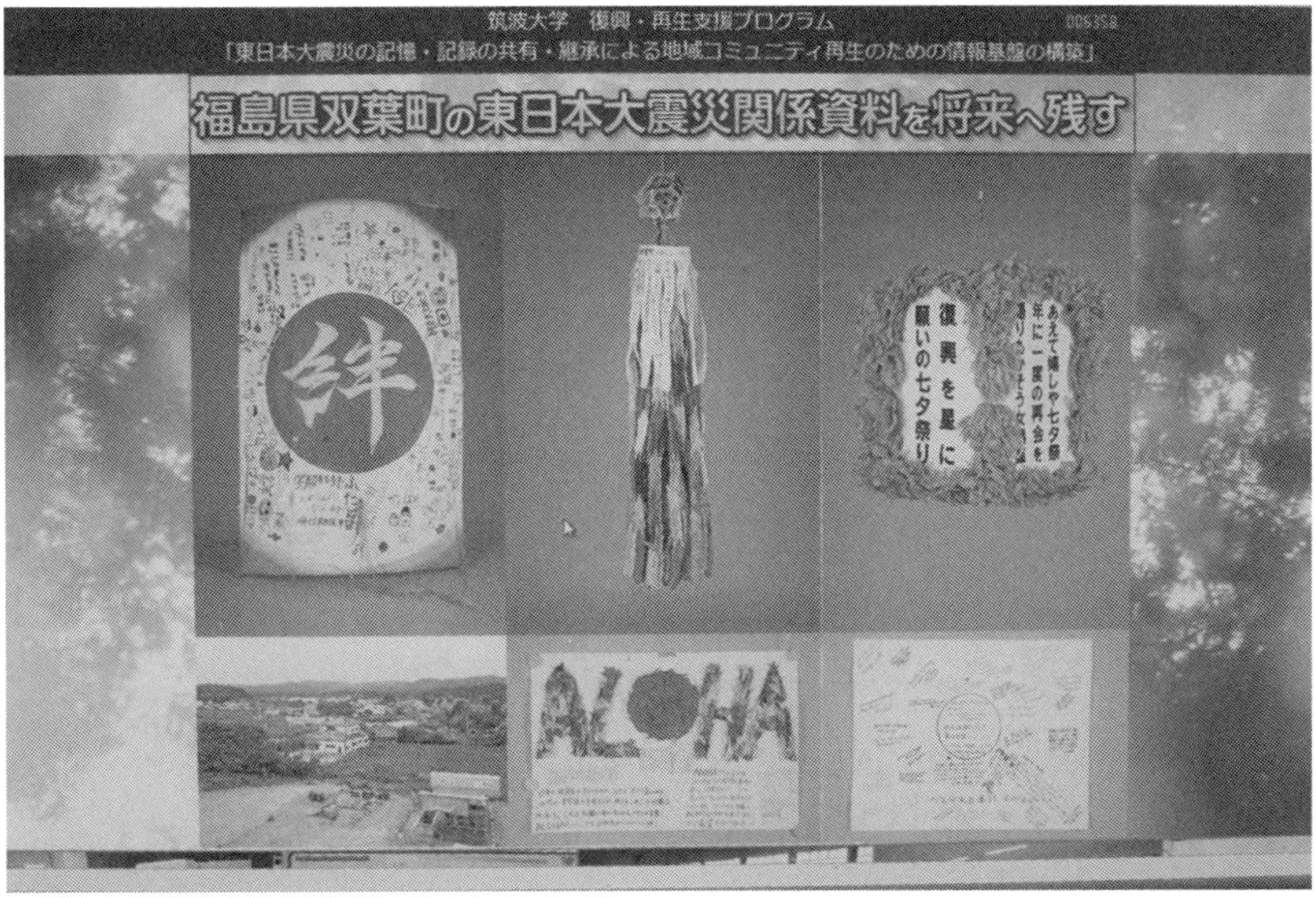

写真１　ホームページの旧トップページ

写真３　Ｊリーグ選手のサイン入りサッカーボール

写真２　京丹波町教育委員会から贈られた千羽鶴

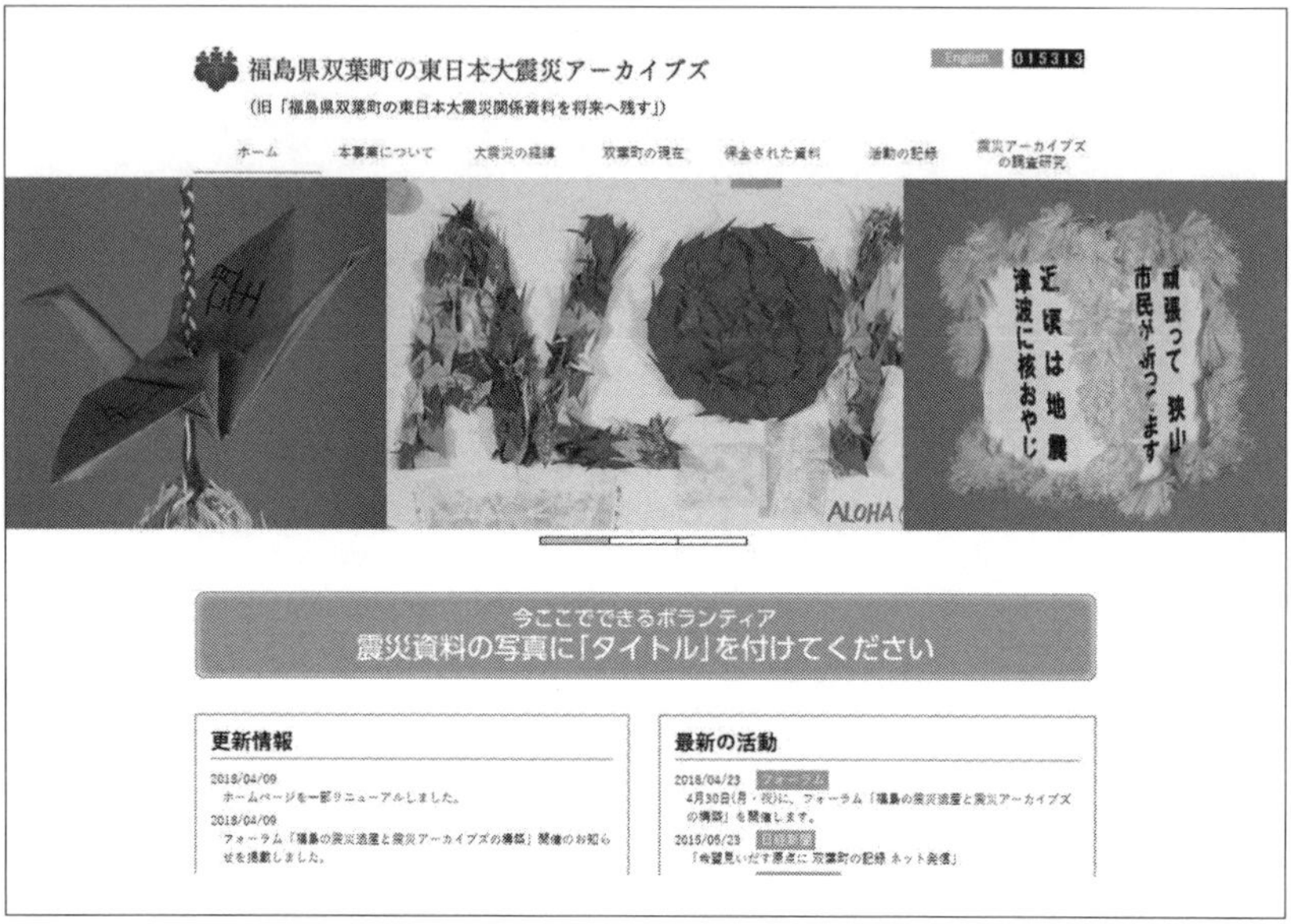

写真４　ホームページの現トップページ

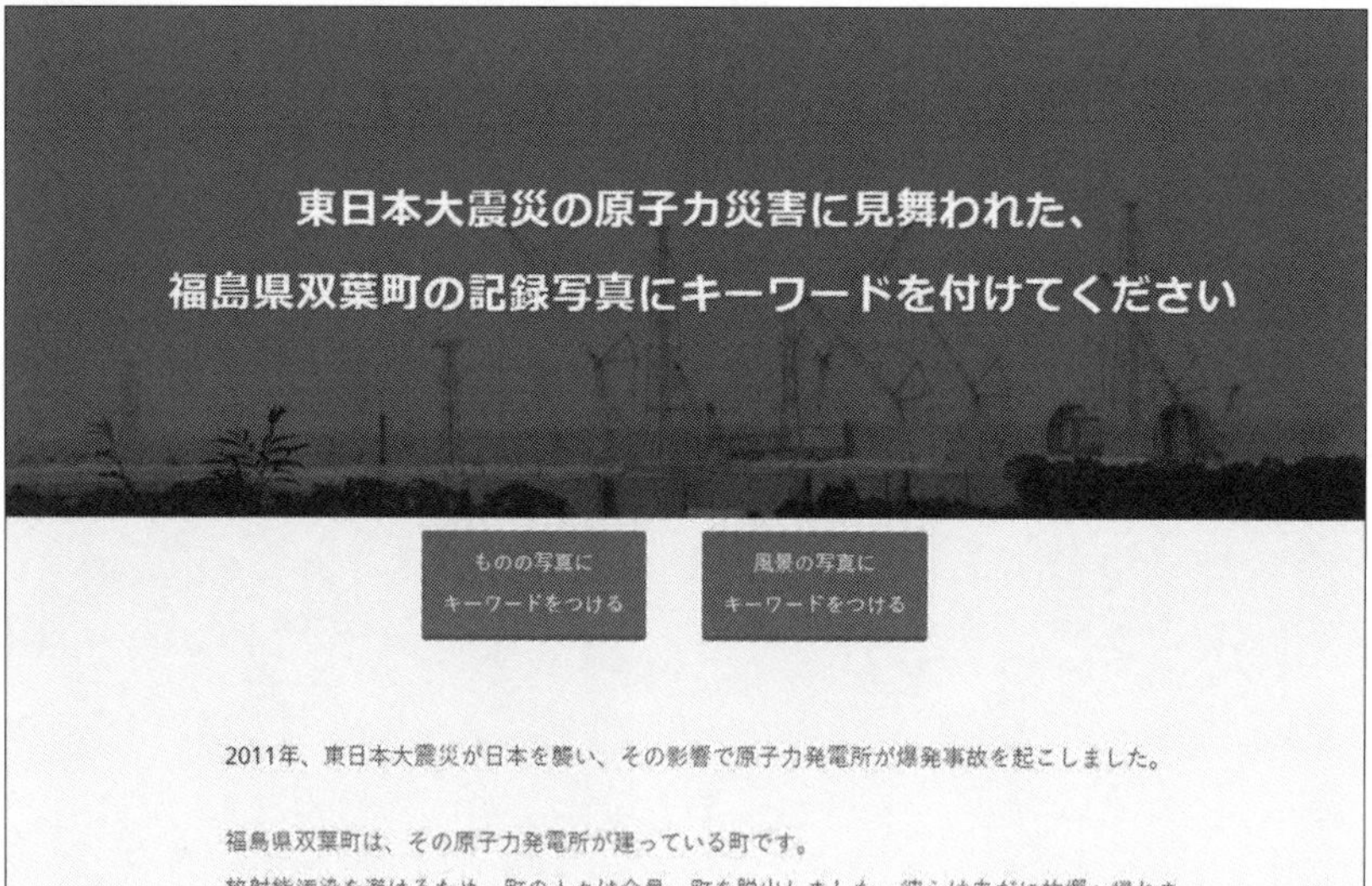

写真５　リンク先専用ページ

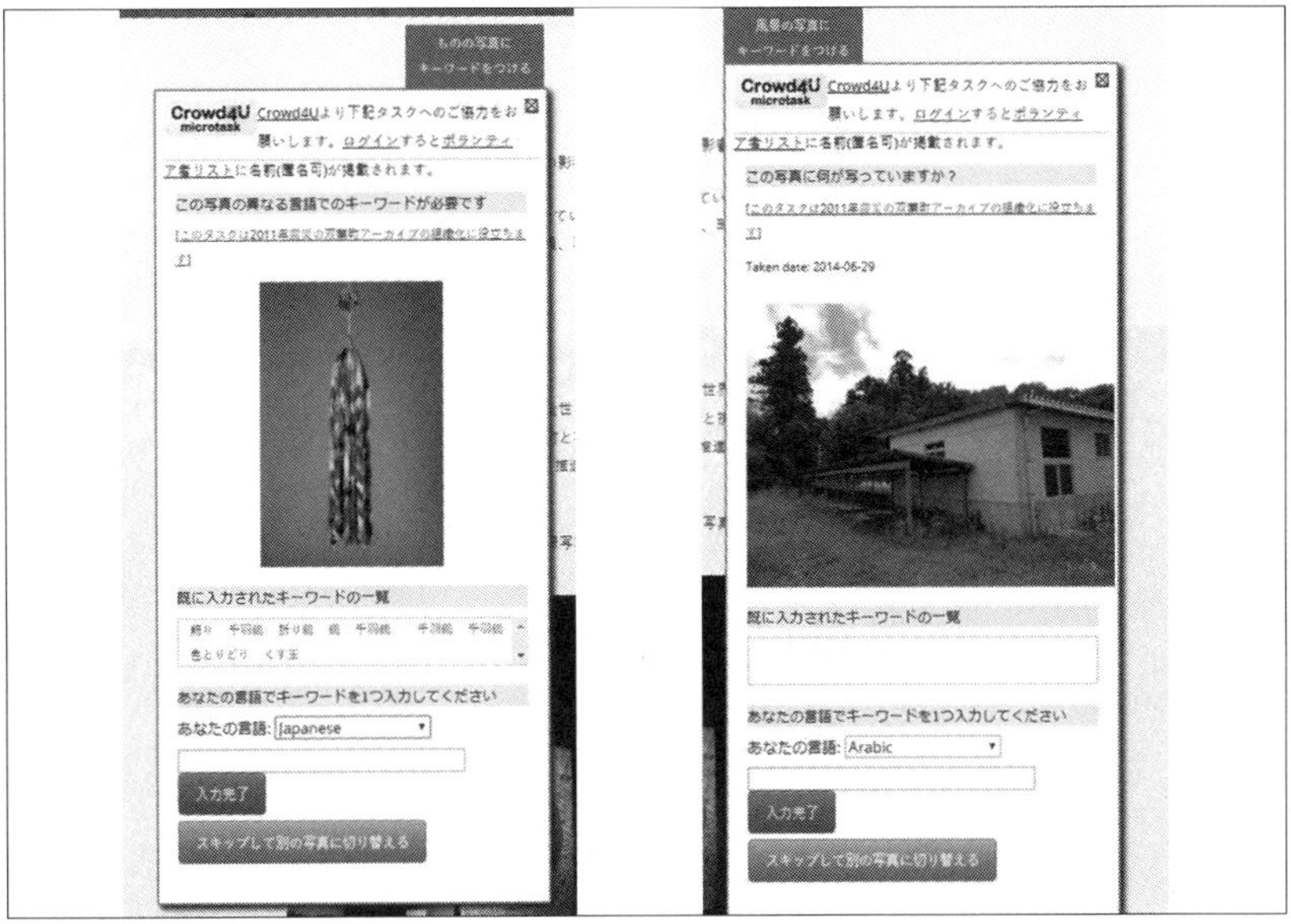

写真６　写真キーワード付け専用画面

第五章　被災資料の救出から地域への還元まで
――茨城県鹿嶋市龍蔵院における実践

一　はじめに

本章では茨城史料ネット（茨城文化財・歴史資料救済・保全ネットワーク）の初期の活動実践である茨城県鹿嶋市龍蔵院の資料救出とその後の活動を報告する。活動の主な経過は**表**に掲げた。

第一章および第三章で述べたとおり、高橋氏は東日本大震災直後から茨城県内で歴史資料保全を呼びかけるチラシ配布を開始、四月に高橋氏と筆者が茨城県教育庁文化課を訪問して資料保全の連携に向けた話し合いを行い、七月二日には茨城大学で緊急集会を開催して茨城史料ネットの結成を宣言した。この間、五月から七月にかけて鹿嶋市長栖《ながす》の寺院で津波被害を受けた龍蔵院《りゅうぞういん》の資料救出活動が実施されていた。結成直前ながら茨城史料ネットにとって最初の本格的な活動事例であった。

茨城県鹿嶋市・神栖《かみす》市の東岸は、鹿島灘に面して遠浅の海岸と広大な砂丘が続き、古くからの集落は海岸から1キロメートルほど内陸部に位置している。神栖市には、もと鹿島灘に面した場所に創建されたと伝わる古社の息栖《いきす》神社が一三〇〇年前の大津波のために社殿を流されて、のちに現所在地へ移転したとの伝承が伝わっている。[1] だが、内陸部の地域が過去に津波被害を受けたという記録は残っていない。

一九六〇年代の鹿島臨海工業地帯開発に際しては砂丘を開削して鹿島港が築かれ、集落と海の間の距離は数百メートルに縮まった。東日本大震災の際、この地域には少なくとも三波の津波が押し寄せ、さらに掘割川など運河や水路を遡って内陸部に及んだ（写真1）。鹿島灘沿岸の神栖市奥野谷《おくのや》には重要文化財建造物の「山本家住宅」がある。近世に名主や網元を務めた家の家屋で一八世紀前半の建築とされるが、今回の津波で大きな被害を受けた。このような歴史的に「想定外」の津波災害を、現地の人々は当時「人災」と呼んでいた。

茨城史料ネットにとって最初の本格的な資料救出対象となった鹿嶋市長栖の龍蔵院（写真2）は、前述のとおり鹿島灘から一キロメートル以上内陸に入った自然堤防上に立地する、現在は山門、本堂と付属施設を有する寺院である。寺伝によれば、一三三三年（正慶二＝元弘三）開基で長覚上人という僧侶が不動明王像を本尊となした。不動明王像は「波切不動」と呼ばれ、船中安全の霊験ありと地元の信仰を集めたという。もと鹿島神宮寺の末寺で、かつての境内は今より広く、地蔵堂や応神社などが建っていた。元住職の内藤祥寿師は、アジア・太平洋戦争終結後に不動明王を信仰する「尊護講社」を結成して、龍蔵院の再興と地域社会の繁栄に尽力する一方、寺宝や什物の調査を受け入れて文化財保護に努めた。[2] 震災前には「龍蔵院山門」（建造物）と江戸期の「曼荼羅図」（両界曼荼羅）二幅一対および「不動明王図」四幅（以上絵画）が市指定文化財となっていた。[3]

表　茨城県鹿嶋市龍蔵院文書に対する茨城史料ネットの資料救出活動経過

２０１１年３月	11日（金）	14時46分　Ｍ９・０地震　14時49分　茨城県津波警報　15時00分　鹿嶋市災害対策本部設置　15時15分　Ｍ７・４地震　15時52分　津波第一波　16時30分　津波第二波　17時45分　津波第三波
	20日（日）	鹿嶋市教育委員会による被災文化財の調査開始。地元の方々が龍蔵院の片付け
	下旬	茨城大学高橋修氏が「東北・関東大地震被災地の被災した歴史資料についてのお願い」チラシを作成、配布開始
４月	７日（木）	鹿嶋市教育委員会が龍蔵院の指定文化財について現況確認。地元の方々へ資料に手をつけないようにお願いする
	16日（土）	龍蔵院資料の被災状況について茨城県文化課および茨城県立歴史館へ報告
	28日（木）	文化財レスキュー事業の知見を得て、文化庁の担当調査官へ連絡
５月	２日（月）	文化庁・東京文化財研究所による緊急調査、応急措置
	６日（金）	鹿嶋市教育委員会から茨城大学高橋修研究室へ連絡・相談
	12日（木）	高橋氏ほか計４名が現地で緊急視察、応急措置
	23日（月）	龍蔵院資料の状況確認調査
６月	30日（木）	龍蔵院資料の状況確認調査、地区内の旧家から被災古文書発見
７月	２日（土）	茨城大学で「東日本大震災　茨城の文化財・歴史資料の救済・保全のための緊急集会」開催。茨城史料ネット結成
	中旬	龍蔵院の資料整理ボランティアについて関係者に連絡開始
	24日（日）	龍蔵院資料の目録作成業務
11月	28日（月）	新発見被災資料の目録作成。東京文化財研究所による被災資料調査
２０１２年６月		鹿嶋市役所が『２０１１・３・11　東日本大震災の記録』刊行
２０１３年１月	23日（水）	龍蔵院資料に対する燻蒸を実施
３月	16日（土）～24日（日）	特別展示「東日本大震災　鹿嶋市の津波被害と救出された龍蔵院の文化財」開催
	23日（土）	上廣歴史文化フォーラム「東日本大震災　被災した文化財を守る取り組み――鹿嶋市の津波被害の現場から」開催

※鹿嶋市役所『２０１１・３・11　東日本大震災の記録』参照。糸川崇氏の御教示を得た。

二　被災資料の救出

震災時、津波の高さは最大一四〇センチメートルに達し、龍造寺本堂の床下から水が浸入して畳が浮かび上がったとのことである。鹿嶋市教育委員会では、大震災の直後から被災地域の文化財調査へ着手したが、地域の被害が甚大なため、当面は復旧を優先させたという。四月上旬に再調査を実施して龍蔵院の被害を確認、翌週に地元の方々が本堂の内部を調べたところ、絵画類と文書類が海水に浸かってしまっていたという。地元から連絡を受けた市教育委員会は茨城県立歴史館へ相談し、そこで文化財レスキュー事業のレクチャーを受けて文化庁へ連絡した。このとき高橋氏や筆者らは、すでに茨城県立歴史館および茨城県文化課との間で被災資料の救出に関する意思疎通を行っていた。

五月二日、文化庁は東京文化財研究所と共に龍蔵院の市指定文化財について現状調査を実施し、その場で応急処置が施された。四日後の五月六日、市教育委員会と茨城県立歴史館の双方から高橋氏のもとへ、応急処置後の資料の取り扱いについて問い合わせが入った。そこで五月一二日、高橋氏、前川辰徳氏（大田原市那須与一伝承館）、震災直後より保存科学の観点から独自に茨城県内の被災状況を調査していた松井敏也氏（筑波大学芸術系）、筆者、そして市教育委員会の糸川崇氏の五人が状況確認のために現地へ赴いた。

調査の結果、被災史料は大きく三種類に区分できた。第一は、市指定文化財を含む仏教絵画（写真3）、第二は記載の上限が一七世紀末（元禄期）である過去帳（写真4）、第三は二〇世紀中葉（戦後期）の寺院文書（写真5）である。仏教絵画類の多くはもともと掛軸の専用箱に収納されていたが、津波の襲撃で箱が開いて濡れてしまい、カビの発生も進んでいた。調査の際には文化庁による応急処置の施された状態だったので、松井氏により防黴措置が施された（写真6）。過去帳は地元の方々が大切にしていた記録で、応急処置としてペーパータオルによる水分除去を施したあと、茨城大学で補修を行うことになった。

寺院文書の内容は「尊護講社」関係資料や行事関係資料など、内藤祥寿師の活動の痕跡を示すものだった。これらは専用箱に収納されていたが、床下から本堂に進入した津波に浮かんで箱が開いたため、文書も濡れてしまったという。調査の時は本堂の縁側に積まれた状態で、地元の方々は廃棄も考えたという。しかし戦後も遠い昔になった今は、これらの文書が地域の貴重な記録になることを説明して保存措置の了解を得た。文書全体は軽微な被災と判断されたので、本堂内での自然乾燥措置を行うこととした。地域の方々が本堂内に机を並べ、一点一点重ならないように文書を並べた。無住なので普段は閉めていたが、時折本堂を開けて風入れを行った。五月二三日と六月三〇日に状態確認および文書の開頁作業を糸川氏と筆者で実施し、引き上げる際には「近所で被災した資料があったらぜひ知らせてください」と声をかけた。

七月上旬になり、地元の方々から市教育委員会を通じて寺院文書がおおむね乾燥したとの連絡を受け、七月二四日に文書整理の一斉作業を実施した。作業の内容は、各文書の状態確認とホコリ払い、ホッチキスの除去と紙縒りによる留め直し（写真7）、目録データの記述（写真8）、中性紙封筒および中性紙保存箱への収納（写真9）である。この時は茨城史料ネットの結成直後で、関係者に作業ボランティアの募集を呼びかけて、当日の参加者は一〇名以上になった。

この同じ日、地元の方々と糸川氏から、近隣の旧家から発見されたという十数点の古文書を提示された。六月に文書の状態確認を行った際、糸川氏がその旧家に立ち寄るとたまたま津波被害の片付けの最中だった。その様子を見ると、蔵の中に残っていて濡れたままだった昭和期の雑誌類が庭に積まれ、その上に古文書が載せられていたとのことである。近世後期~明治期の文書が大半で、中には一六二一年（寛永八）の検地帳写（横帳）があった。後でわかったことだが、この検地帳写は当時鹿嶋市内で確認されていた近世文書で最古の年代記載を持つ文書だった。これらの文書も同じように現地で陰干し乾燥を行い、後日に改めて目録作成と保存措置を行うこととした。

また七月二八日には、同時に松井氏が絵画類の脱酸素処理による防カビ措置を実施した。その後も絵画類については一一月二八日に東京文化財研究所の被災調査が実施されている。これらの調査の過程で従来確認されていなかった仏教絵画の存在が明らかになり、調査の結果、室町期作の「絹本著色両頭愛染明王像」と判明した。東日本では極めて希少な作例の仏画で、思いがけない資料救出の成果となった。この仏教絵画は被災からの修復を終えたあと、二〇一二年（平成二四）一月一日付で鹿嶋市指定文化財に指定された。

すなわち、この時の資料救出による「絹本著色両頭愛染明王像」および一六三一年（寛永八）検地帳写の発見は、鹿嶋市の長栖地区および龍蔵院における中世~近世の歴史の具体相を明らかにし、新たな地域史理解の端緒を開くことになったのである。

ところで、鹿嶋市は市長を委員長とする「鹿嶋市史刊行委員会」を現在も設置しており、当時は資料集の編纂調査を行っているとのことだった。この資料救出活動を受け、鹿嶋市教育委員会は二〇一一年（平成二三）六月一五日付『広報かしま』三九九号および『教育かしま』一三号において、大震災に伴う家屋の解体処分等で古文書・古記録類や文化財が発見された際の情報提供を市民へ呼びかける記事を掲載した。

その後の数週間で数件の連絡があり、市教育委員会が対応したとのことである。

この頃、茨城史料ネットで想定していた活動のフローは〈史料の被災〉→〈緊急調査と諸連絡〉→〈現地調査と応急措置〉→〈概要調査と目録作成〉→〈保存措置と地域への還元〉であった。そして、被災地で保全された史料は保存措置と目録作成を行い、「救出された史料から何が明らかになるのか」という説明を行い、地域の人々の理解を得て今後の保存をお願いする、というミッションの下に行動していた。

このミッションは現在も変わらないが、資料整理を被災地の現地で行う当初の方法から、のちに茨城大学で行う方法へ変わったこともあり、下記のようなフローを行っている。

①被災現場から史料を救出して、史料の安全を確保する
②破損史料のクリーニングと写真撮影を行って、史料の現状を把握する
③史料の簡易目録を作成して、保全された史料の全体像を明らかにする
④史料の内容を検討して、史料の概要や意義を理解する
⑤講演会等を開催して、史料の概要や意義を地域に説明する
⑥史料を所蔵者等へ返却、今後の保存をお願いする

三　地域への還元

龍蔵院における資料救出が一段落したあと、茨城史料ネットでは資料救出の成果を地元の方々や鹿嶋市民に還元する方法を検討した。そして救出資料の展示会と歴史講演会を開催することになった。このとき

高橋氏が作成した開催趣旨文を、参考のため次に掲げる。

二〇一一年三月一一日、鹿嶋港に流れ込んだ津波は、鹿嶋市と神栖市に大きな被害をもたらしました。鹿嶋市側では、旧長栖村民の菩提寺で、貴重な文化財や歴史資料を所蔵する龍蔵院が被災しました。地元の皆さんの迅速な対応で流失は免れましたが、仏画や過去帳、古文書などが水に浸かって大きな損傷を受けてしまいました。

貴重な文化財・歴史資料を救おうと、行政や研究者、ボランティアが立ち上がりました。文化庁の指導を受け、吸湿や防黴のための処置を行い、損失を最小限に食い止めることができました。保全作業の過程で、従来知られていなかった重要資料の発見もありました。

龍蔵院資料の救出は、行政と研究者あるいはボランティアという、異なる立場で文化財にかかわる関係者が連携を深める機会になりました。また龍蔵院の復興に尽力する旧長栖村の住民の姿は、菩提寺に伝わる文化財が、住民間の、さらには祖先と地域とを結ぶキズナでもあることを、あらためて示してくれました。

鹿嶋市の津波被害の現実を忘れず、明日の防災を構想するため、そして津波から守られた文化財を通じて地域のキズナの意味を考えるため、講演会と特別展示を企画します。

展示会は「特別展示　東日本大震災　鹿嶋市の津波被害と救出された龍蔵院の文化財」というタイトルで、二〇一三年（平成二五）三月一六日から二四日までの九日間開催された。開催にあたっては財団法人上廣倫理財団の共催を得た。

展示会場は、仏教絵画（写真パネルを含む）、寺院文書、その他の資料（写真パネルを含む）の三コーナーで大きく構成された。実物の展示資料はいずれも被災資料であり、特に龍蔵院本堂内の襖や障子には津波が侵入した痕跡である泥の線が残っていたので、それらも展示した。今回の新発見史料である「絹本著色両頭愛染明王像」は写真パネルで展示し、一六三一年（寛永八）検地帳写二冊は現物を展示した。

鹿嶋市には博物館施設がないので、鹿嶋市まちづくり市民センター（市立中央公民館併設）の一室を会場に使用した（写真10、写真11）。会場は鹿島神宮から徒歩二五分の台地上に位置し、津波被害を受けた低地部の市民以外にも多くの人々が観覧に訪れた。「この展示を見て初めて鹿嶋市が津波被害を受けていたことを知った」という市民の声が印象的だった。大震災当時、マスコミが盛んに報道したのは東北の地震と津波の被害で、茨城県内の被災情報は関東でもほとんど報じられなかった。たとえ同じ市域の出来事だったとしても、台地部に住んでいて生活空間が低地部と全く異なる住民は、当時も津波の襲来情報を知らずに過ごしたのである。地元で被災資料の展示会を行う意義を改めて実感した瞬間だった。

展示会に合わせて三月二三日に講演会を開催した。「上廣歴史文化フォーラム　東日本大震災　被災した文化財を守る取り組み――鹿嶋市の津波被害の現場から」と題し、次の三本の報告が行われた。当日の報告者および論題は次のとおりである。

茨城史料ネットの挑戦　ボランティアによる文化財・歴史資料の救出・保全活動
茨城大学　高橋　修

鹿嶋市の津波と救出保全された龍蔵院の文化財――文化財レスキューの活動に救われて
鹿嶋市教育委員会　糸川　崇

よみがえる長栖村・龍蔵院の歴史――救出された被災歴史資料が語ること

筑波大学　白井哲哉

高橋氏は茨城史料ネットの結成経緯と活動の概要を説明したのち、被災資料の継続的な救出活動の必要性を訴えた（写真12）。糸川氏は鹿嶋市における津波被害の概要を示したのち、龍蔵院資料の概要と救出に至る経緯を説明した。筆者は救出された歴史資料の概要を説明したのち、それらの解読から明らかになる地域の歴史像を紹介した。この講演会の様子は地元ミニＦＭ放送局が録音して二度放送された。

四　おわりに

以上、茨城史料ネットによる鹿嶋市龍蔵院の資料救出と、その後の活動についての概要を紹介した。龍蔵院での活動のあと、茨城史料ネットが二〇一四年（平成二六）春までに行った主な資料救出活動は下記のとおりである。[4]

・茨城県ひたちなか市　Ｋ家文書の救出・保全
　↓那珂市歴史民俗資料館で展示会、那珂市総合センターで歴史フォーラムを開催（写真13）
・茨城県筑西市　新治汲古館資料の救出・保全
　↓桜川市真壁伝承館で展示会を開催
・茨城県北茨城市　Ｔ家文書ほかの救出・保全
　↓北茨城市歴史民俗資料館および野口雨情記念館で展示会を開催、北茨城市民ふれあいセンターでふるさと歴史講演会を開催（写真14）

・栃木県茂木町　S家文書の救出・保全
　↓茂木町中央公民館で特別公開、ふるさと歴史フォーラムを開催
・福島県双葉町　I家文書・資料の救出・保全
　↓茨城大学学園祭などで特別公開を実施
・福島県いわき市　A家資料の救出・保全

このように、茨城史料ネットの活動範囲は茨城県およびその周辺地域（栃木県東部・福島県浜通り地区）へと広がっている。これらは高橋修代表のリーダーシップによるものだが、資料保全ネットワークは行政機関ではないので、被災の実情に応じて近隣の関係組織や機関等と柔軟に連携しつつ活動を展開した結果でもあった。

注

（1）下記の神栖市教育委員会ホームページによる。二〇一八年一一月二七日閲覧。
http://www.kamisu.ed.jp/uematsu/wp-content/uploads/2016/03/地域の歴史シリーズ.pdf
（2）特別展示パンフレット『特別展示　東日本大震災　鹿嶋市の津波被害と救出された龍蔵院の文化財』（二〇一三年、鹿嶋市教育委員会・茨城史料ネット）を参照のこと。
（3）鹿嶋市指定文化財一覧（平成二六年一一月一日現在）。二〇一八年一一月二七日閲覧。
http://www.city.kashima.ibaraki.jp/file/upload/img/6100_1416970827.pdf
（4）茨城史料ネット『身近な文化財・歴史資料を救う、活かす、甦らせる』（二〇一四年）を参照のこと。

写真１　鹿嶋市長栖地区を襲った津波（16時46分、鹿嶋市教育委員会提供）

写真２　鹿嶋市龍蔵院（2011年５月12日）

写真３　応急処置された龍蔵院の仏画

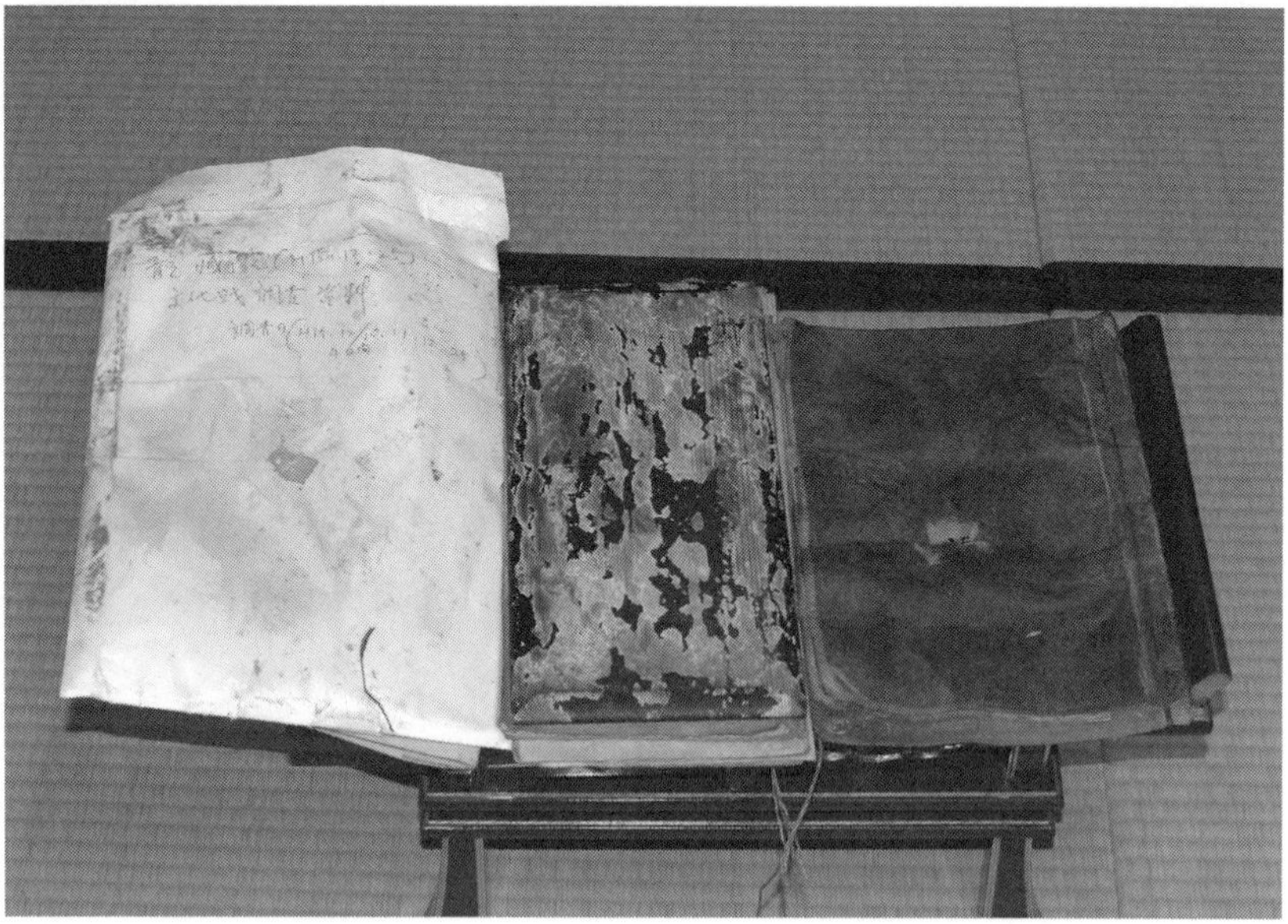
写真４　被災した過去帳

写真５　被災した寺院文書

写真６　仏画の防黴処置

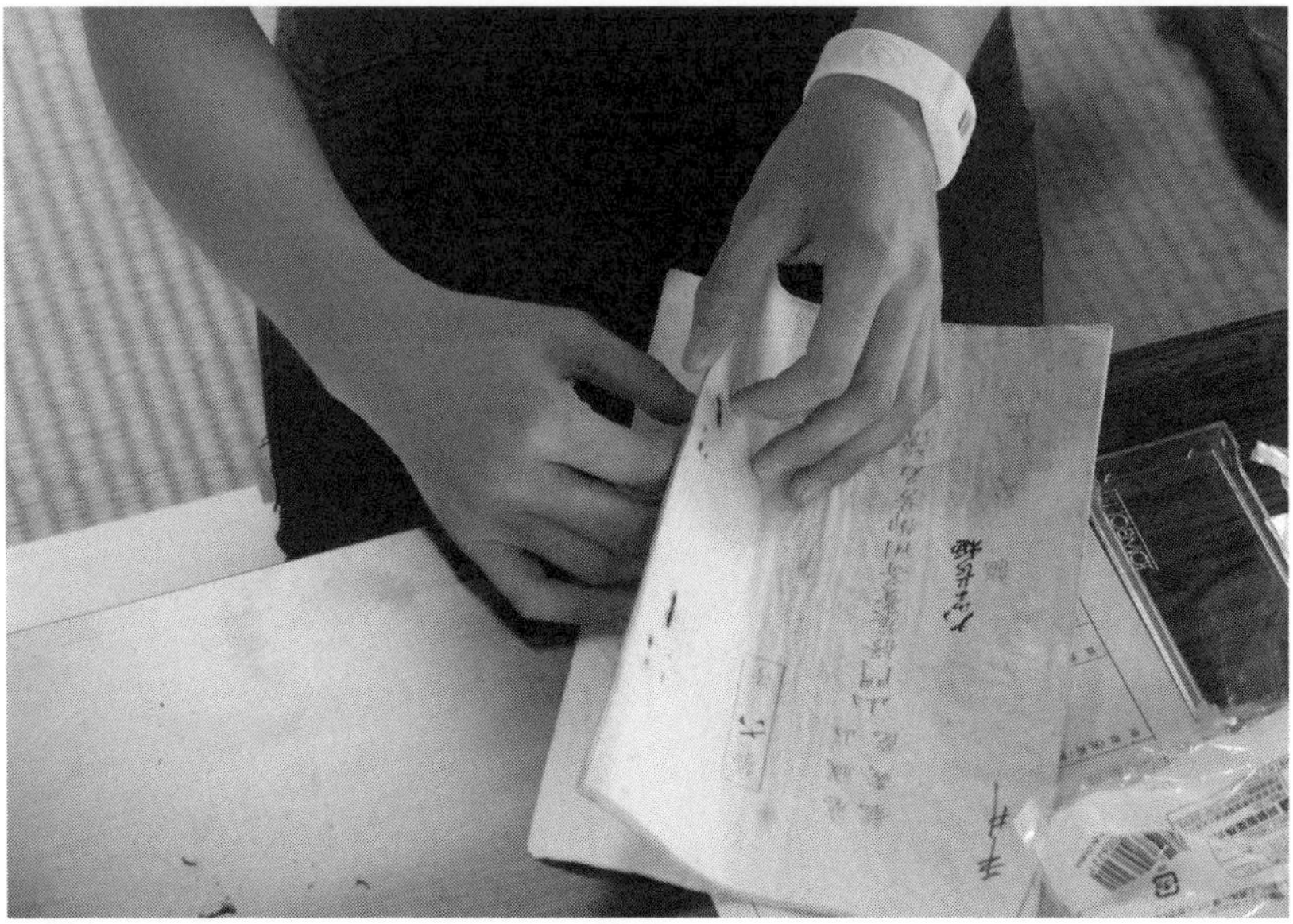

写真７　ホッチキス除去と紙縒りの留め直し

写真８　文書目録データの記述（茨城史料ネット提供）

写真９　中性紙製保存容器への納入

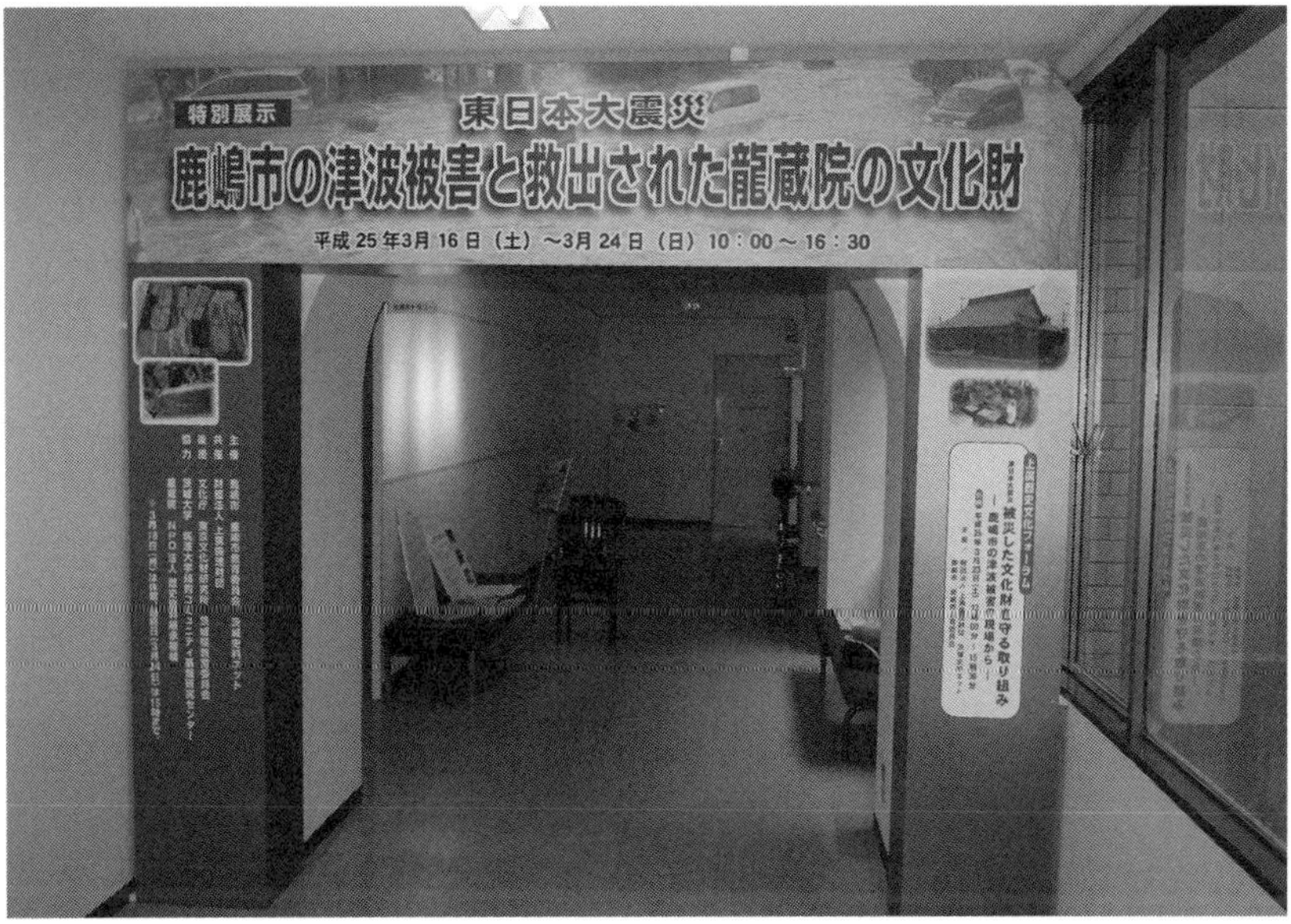

写真10　展示会入口

写真11　展示会場準備（茨城史料ネット提供）

写真12　講演会風景

写真13　那珂市における歴史フォーラム風景

写真14　北茨城市における講演会会場

第六章　震災資料の保全から活用へ
――福島県双葉町における実践

一　震災資料とは何か

福島県双葉町《ふたば》（以下、双葉町と表記）では、東日本大震災の被害や復興の歩みを未来へ伝えるため、町役場が保有している二〇一一年（平成二三）三月一一日以降の関係文書・記録・図書・その他のさまざまな物品を保全しています。この活動は茨城史料ネットとの出会いから始まりました。現在は筑波大学図書館情報メディア系と双葉町教育委員会との間で協定を結んで、これらの震災資料の保全と調査研究に取り組んでいます。

震災資料とは、どんなものを指すのでしょうか。それらは、どのような経緯で注目され、保全されてきたのでしょうか。新潟県中越地震の事例で確認しましょう。

二〇〇四年（平成一六）一〇月二三日に発生した新潟県中越地震の際、長岡市立中央図書館は、緊急時の避難所には指定されていなかったものの、地域からの要請もあって臨時の避難所として活動を開始し、一一月七日に避難所の活動を終了（一一月九日に図書館再開）しました。

この時、同館文書資料室（長岡市のアーカイブ施設）の田中洋史さんは、あとでご紹介する神戸大学附属図書館震災文庫の取り組みに学び、中央図書館に対し、避難所の掲示物について「セロハンテープが付いたままで良いから、捨てないで取っておいてほしい」と依頼しました。そこには「避難所は、常設の施設ではないため、閉鎖と同時に原状復帰のため不必要なものは破棄される。しかし、無数の掲示物は行政やボランティアが、被災者に向けて発信した貴重な情報である」という認識があり、これらを「被災者が日々得ていた生活関連情報として保存することの意義は大きい」とする判断がありました。

こうして長岡市における震災資料の収集と保存が始まり、その後の災害でも資料の収集活動は行われました。二〇一一年の東日本大震災の際は、原子力災害による福島県南相馬市からの避難者のために長岡市が設置した避難所の資料も収集されています。

神戸大学の奥村弘さんが提唱している「地域歴史資料」は、被災歴史資料と災害資料の二つに大別できます。被災歴史資料は、災害の発生時以前から地域に存在して被災した文化財等、文書記録、生活用具などを指します。これに対して災害資料は、災害以降に作成・収受された文書記録、実物資料、写真画像や電子メールなどの電磁的記録を主に指します。

奥村さんは「大災害そのものを未来に伝えるさまざまな資料」を一般に災害資料と呼び、大地震については特に「震災資料」と呼ぶと規定します。しかし、津波や洪水などで損傷を受けた古文書（歴史資料）は、被災資料である一方、その損傷自体が大災害の記録である点から災害資料とも評価できると指摘します。そして、一九九五年（平成七）に発生した阪神・淡路大震災の被災地では今なお災害資料が収集され続けていて、それらの活用を今後の課題に挙げています。

そこで以下では、双葉町が取り組んでいる震災資料の保全の経緯と現状、そして活用への試みを御紹介して、最後にこの保全活動の意義と課題を考えます。

二　震災資料を保全する

二〇一七年九月現在、双葉町役場は福島県いわき市内に事務所を置いています。ここに至るまでの経緯を簡単に振り返っておきましょう。次に掲げる約二年間の経緯は、筑波大学春日エリアで保管している双葉町の震災資料保全に関する主な事項です。

二〇一一年（平成二三）

三月一一日　東日本大震災発生、双葉町民は屋内退避
三月一二日　双葉町へ全員避難指示、二〇〇〇人の町民が福島県川俣町へ避難
三月一九日　一二〇〇人の町民が埼玉県のさいたまスーパーアリーナへ移動
三月三〇日　埼玉県に避難した町民が旧埼玉県立騎西高校校舎へ移動（〜三一日）
四月　一日　双葉町役場埼玉支所設置、旧騎西高校避難所開所
四月二一日　政府が避難区域設定、双葉町全域に「警戒区域」を設定

二〇一三年（平成二五）

五月二八日　双葉町域の避難区域再編、帰還困難区域が町域の九六%に設定
六月　八日　双葉町役場埼玉支所および旧騎西高校避難所の震災資料に対し保全作業開始

（計五日間）

六月一七日　双葉町役場いわき事務所開所

六月二五日　『双葉町復興まちづくり計画（第一次）』公表、震災資料に言及

九月一七日　保全された震災資料を筑波大学春日エリアへ移送、整理作業に着手

二〇一四年（平成二六）

二月一〇日　旧騎西高校避難所の閉所作業に伴い災害資料の残りを筑波大学春日エリアへ移送

三月二六日　旧騎西高校避難所（東日本大震災最後の避難所）閉所

二〇一四年四月以降は、町役場庁舎や三月一一日夜に避難所が設置された施設など、帰還困難区域内の町域で震災資料の調査と保全を進めています。

双葉町による震災資料の保全の取り組みは、二〇一二年（平成二四）に町教育委員会が茨城県つくば市で開催した、避難を続ける町民向けの生涯学習講座へ茨城史料ネットが協力したことに始まります。両者の協力関係を模索する過程で、町役場機能の福島県内移転が浮上しました。双葉町は当時から全庁的に震災の記録を保全する方針をとっていたので、移転の際に散逸の恐れがある震災資料の保全を協力して実施することになりました。

作業に先立ち、保全した資料を保管して整理等を行うため、二〇一三年六月一日付で「福島県双葉町教育委員会と国立大学法人筑波大学図書館情報メディア系との震災関係資料の保全及び調査研究に関する覚書」（七九・八〇頁掲載資料）を締結しました。保全作業の現場では全史料協会員の林貴史氏に指導を仰ぎ、

茨城史料ネット、ふくしま史料ネット、宮城資料ネット、神奈川史料ネット、歴史資料ネットワーク、全史料協、NPO法人歴史継承機構、国文学研究資料館、茨城大学、筑波大学、東北大学、福島大学、いわき明星大学、その他の多くの方々のご参加をいただいて、双葉町役場埼玉支所と旧騎西高校校舎避難所で計五日間活動しました。

保全作業は次の四段階で進めました。

第一段階：震災資料の保全活動について町役場各課および避難所自治会への事前説明

町教育委員会が実施しました。

第二段階：移転前の現状について記録写真の撮影（写真1、写真2）

これから保全する資料がどこにあってどのように使われていたか、後々に知るための記録を行いました。

第三段階：移転前の資料保全作業

移転前に役場庁内各課へ資料保存箱を配付し、震災関係資料の保全を依頼しました。壁の張り紙など掲示物等は、あとで保全するので撤去しないようお願いしました。

第四段階：移転後の資料保全作業（写真3）

保存箱の資料、壁の張り紙などの掲示物、そのほか移転後に残された震災関係のあらゆる資料を保全しました。

三　双葉町の震災資料とは何か

保全された資料の総数はまだ不明ですが、その量は中性紙で作られた資料保存箱で約一七〇箱になりました。どんな震災資料が保全されたのか、双葉町の避難経緯に沿ってご紹介します。

（1）町役場庁舎および町内の避難所（二〇一一年三月一一日夕〜三月一二日朝）
町役場庁舎では、全員避難指示が出される前の町の動きがうかがえる張り紙数点を保全しました。双葉中学校など三月一一日夜に避難所が設置された場所では、当時の状況を残す部分の写真撮影を行い**（写真4）**、残されていた資料を保全しました。

（2）川俣町における避難所（三月一二日〜三月一九日）
数点の写真を除き、今のところ資料がほとんど確認できません。

（3）さいたまスーパーアリーナ（三月一九日〜三月二九日）
資料点数は少ないですが、施設周辺の生活情報提供に関する張り紙やノートなどが保全されています。

（4）旧埼玉県立騎西高校校舎への移動関係（三月三〇日〜三月三一日）
移動にあたって町民等が身につけた名札が残っています。

（5）双葉町役場埼玉支所および旧騎西高校校舎避難所（四月一日〜二〇一三年六月三〇日）
資料点数が最も多く、文書記録、生活関係の張り紙および物品、国内外からの支援や激励の物品が中心です（**写真5**）。

双葉町で保全された震災資料の特徴は、今のところ次の三点を挙げられます。第一に、双葉町役場という行政体が作成・収受した資料群であって、外部のＮＰＯなど民間団体や個人の資料を基本的に含まないこと。第二に、全員避難指示以降の町民等の避難生活実態に関する資料が中心で、地震や津波の直接的被害に関する資料は少ないこと。第三に、最も重大な影響を与えたはずの原子力災害に関する資料は極めて少ないこと。これらは神戸や新潟など他の被災地の災害資料と比較の上で、さらなる検討が求められます。

四　震災資料の活用へ

奥村さんが指摘するとおり、震災資料を人々の記憶として伝え、将来への教訓にするためには、国内外の人々がこれらの資料に接する機会を増やしていく必要があります。今まで取り組まれてきた双葉町の震災資料の活用事例を御紹介しましょう。

（1）震災資料の紹介ホームページ開設

最初に取り組んだのは、保全した震災資料を紹介するホームページの開設です。先に述べたとおり、双葉町役場埼玉支所には国内外からの支援や激励の物品が数多く届けられていました。これらは施設内で飾られて入所者の方々が見ていました。しかし日本各地に分散避難された町民の方々の多くはこれらの品々を見ていません。

そこで、筑波大学と双葉町教育委員会は相談の上、支援や激励の物品を中心とする震災資料の写真を紹介すると共に、双葉町の大震災および原子力災害の被災から現在に至る経緯をまとめて発信するホームページを作成し、二〇一五年（平成二七）四月に開設しました。また、東日本大震災に対する関心は海外でも高いだろうと考えて、二〇一六年（平成二八）四月には英語版も開設しました。

このホームページでは、震災資料への関心を深めてもらう一つの試みを行っています。筑波大学図書館情報メディア系森嶋厚行研究室と阪口哲男研究室の方々に御協力いただき、マイクロタスク型クラウドソーシング技術を用いた、震災資料の写真にタイトルを付けるページを設けました。英語版と日本語版の両方に設けたところ、今まで世界中から二三の言語による書き込みがありました。これらのデータも今後活用していく予定です。

（2）生涯学習講座における活用

双葉町教育委員会は、平成二八年度公民館事業の一環で「ふたば・かぞ生活学級　震災とふたば」を開催しました。その趣旨は、震災から五年を経過した段階で、当時の状況を物語るさまざまな資料を見学することを通じて、震災当時の経験を思い出し、将来へ伝えていくきっかけとすることでした。

開催日の二〇一六年一一月三〇日には、茨城県つくば市と旧騎西高校避難所のあった埼玉県加須市にお住まいの町民の方々一七名が筑波大学を訪れ、震災資料を保全するまでの経緯について説明を受けたあと、支援や激励の物品を中心に見学されました。その後、大震災の当日から翌朝の全員避難指示までの経験について町民の方々と語り合いました。

震災資料を前に経験を語り合うこのような企画を継続的に実施することは、震災の記憶を次の世代に伝える機運を作っていく一助になるだろうと感じた企画でした。

（3）国立台湾歴史博物館の特別展への資料出品

二〇一六年（平成二八）一〇月、ホームページに掲載した震災資料の借用依頼について、台湾国立歴史博物館から筑波大学に相談が寄せられました。日本の国立歴史民俗博物館との共同企画である国際展示会「地震帯上の共同体：歴史の中の台日地震」（二〇一七年六月二七日～一二月三日）の最後のコーナーで、最近の台湾の災害資料と共に展示したいとの趣旨でした。

展示企画書は、双葉町の震災資料の意義を「日本社会の震災対応の社会復興能力を良く説明し、大震災後における日本社会の癒やし、復興、再生などを具体的に良く表現している」と評価しました。また、展示の意図を「展示資料を通じて、文化の記憶及びその保存の重要性、そして震災後の癒やし、復興、再生を理解してもらいたい」と述べました。

資料の出品契約は所有者の双葉町、管理者の筑波大学、借用者の台湾国立歴史博物館の三者で交わされ、出品資料は二〇一七年（平成二九）五月一七日に梱包作業を行って台湾へ向かいました。その後、双葉町教育委員会はじめ福島や神戸で震災資料の保全に従事する方々などと一緒に、九月に台湾へ行ってこの展示会を見学しました。多くの台湾の市民が訪れていた展示会の最後のコーナーに、展示空間を広く取って双葉町の震災資料が出陳されていたのが印象的でした（**写真6**）。

五　震災資料保全の意義と課題

日本で災害資料の保全に初めて本格的に取り組んだのは、阪神・淡路大震災の時の神戸大学附属図書館震災文庫です。その中心だった稲葉洋子さんは、当時の考え方を「市販の図書・雑誌だけでは震災の全貌を後世に伝えられないと判断して、チラシ・ポスターといった一枚もの資料……など、関連する資料はすべて集めようと、網羅的収集に舵を取った」と述べています。その時「目に留まったのは、震災後に受信したフォックスや復旧活動の事務連絡」で、「震災からの復旧・復興を後々に検証する際の最初の資料とはこのような資料を言うのではないかと考えた」そうです。

ここで明確なのは、災害資料の保全に取り組む視座が「後世」や「後々」にある点です。災害の発生時点で存在する被災歴史資料の場合、過去から現在や未来を見通す歴史資料（史料）学の研究蓄積に基づいて、それらの資料の意義や有用性を判断します。しかし、災害発生の直後から日々作成・収受される災害資料の場合、「後世」や「後々」すなわち過去ではなく未来における潜在的な有用性から現在の資料を評価appraisalする必要があるということです。これはアーカイブズ（記録資料）学における評価選別の考え方と共通します。

したがって災害資料の保全にあたっては、未来に残す観点から、現在はどうか、過去はどうであったかにつき、その根拠となる資料を収集し、記録し、評価して残していくことで事実や有様を伝える取り組みが必要と言えます。言い方を換えれば、災害資料の保全とは被災から復興へ向かう〝現在〟に対する絶え間ない記録化の営みなのです。そして、震災資料の活用は、現在の人々が災害の記憶を教訓として忘れない（時々は思い出す）環境の提供を大方針として、資料の調査研究に基づくテーマ、内容、提供方法などの模索や検討が求められます。

双葉町の震災資料について、今後は帰還困難区域内の調査と並行して、福島県内各地に建てられた仮設住宅群で保管されている資料の所在調査も行う必要があります。ここには町民の方々による避難先コミュニティの関係資料があると考えられます。また、福島県内外の一〇か所に設けられた連絡所の資料所在調査も必要です。

そして震災資料の活用を図るために、保全された資料の内容や意義を明らかにする調査研究を進めなければなりません。私自身は「二〇一一年三月一一日夕から一二日朝にかけて、双葉町で何が起こり、町はどう対応したのか」という問いと共に関係資料の調査・収集と分析、そして町民の方々への還元を進めることに関心があります。すべては今後の課題です。

【参考文献】※発表年順

長岡市立中央図書館文書資料室編『新潟県中越大震災と資料保存（1）　長岡市立中央図書館の試み』（長岡市史双書四八、二〇〇九年）。

稲葉洋子「神戸大学『震災文庫』の新たな役割」（『情報管理』五五巻六号、二〇一二年）。

矢田俊文・長岡市立中央図書館文書資料室編『震災避難所の資料――新潟県中越地震・東日本大震災』（二〇一三年）。

白井哲哉「地域における被災文化遺産救出態勢の構築と課題――茨城県・福島県の事例から」（『国文学研究資料館紀要　アーカイブズ研究篇』九号、二〇一三年。本書第三章）。

佐々木和子「現代資料論」（神戸大学大学院人文学研究科地域連携センター編『「地域歴史遺産」の可能性』岩田書院、二〇一三年）。

白井哲哉「福島県双葉町役場が保有する東日本大震災関係資料の保全について」（『記録と史料』二四号、二〇一四年）。

奥村弘「なぜ地域歴史資料学を提起するのか」（奥村弘編『歴史文化を大災害から守る――地域歴史資料学の構築』東京大学出版会、二〇一四年）。

坂口貴弘『アーカイブズと文書管理――米国型記録管理システムの形成と日本』（勉誠出版、二〇一六年）。

『双葉町　東日本大震災記録誌』（二〇一七年）。

白井哲哉「原子力災害被災地における民間アーカイブズの救出・保全の課題」（『国文学研究資料館紀要　アーカイブズ研究篇』一四号、二〇一八年。本書第四章）。

【ホームページ】
「福島県双葉町の東日本大震災関係資料を将来へ残す」
http://www.slis.tsukuba.ac.jp/futaba-archives/
"Preserving Futaba Town's Archive Materials of the Great East Japan Earthquake for Future Generations"
http://www.slis.tsukuba.ac.jp/futaba-archives/en/

写真１　移転前の震災資料の掲示

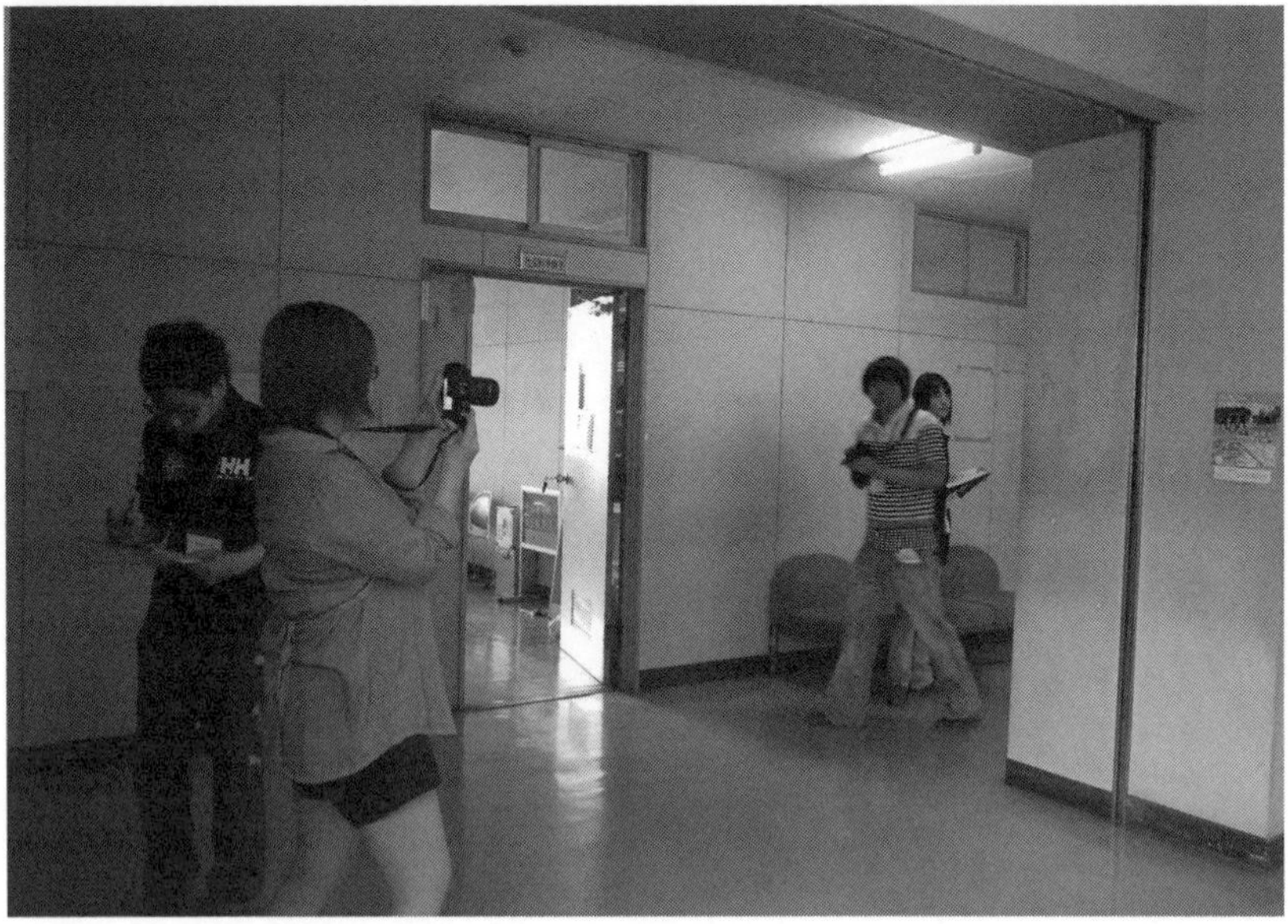

写真２　現状記録写真の撮影

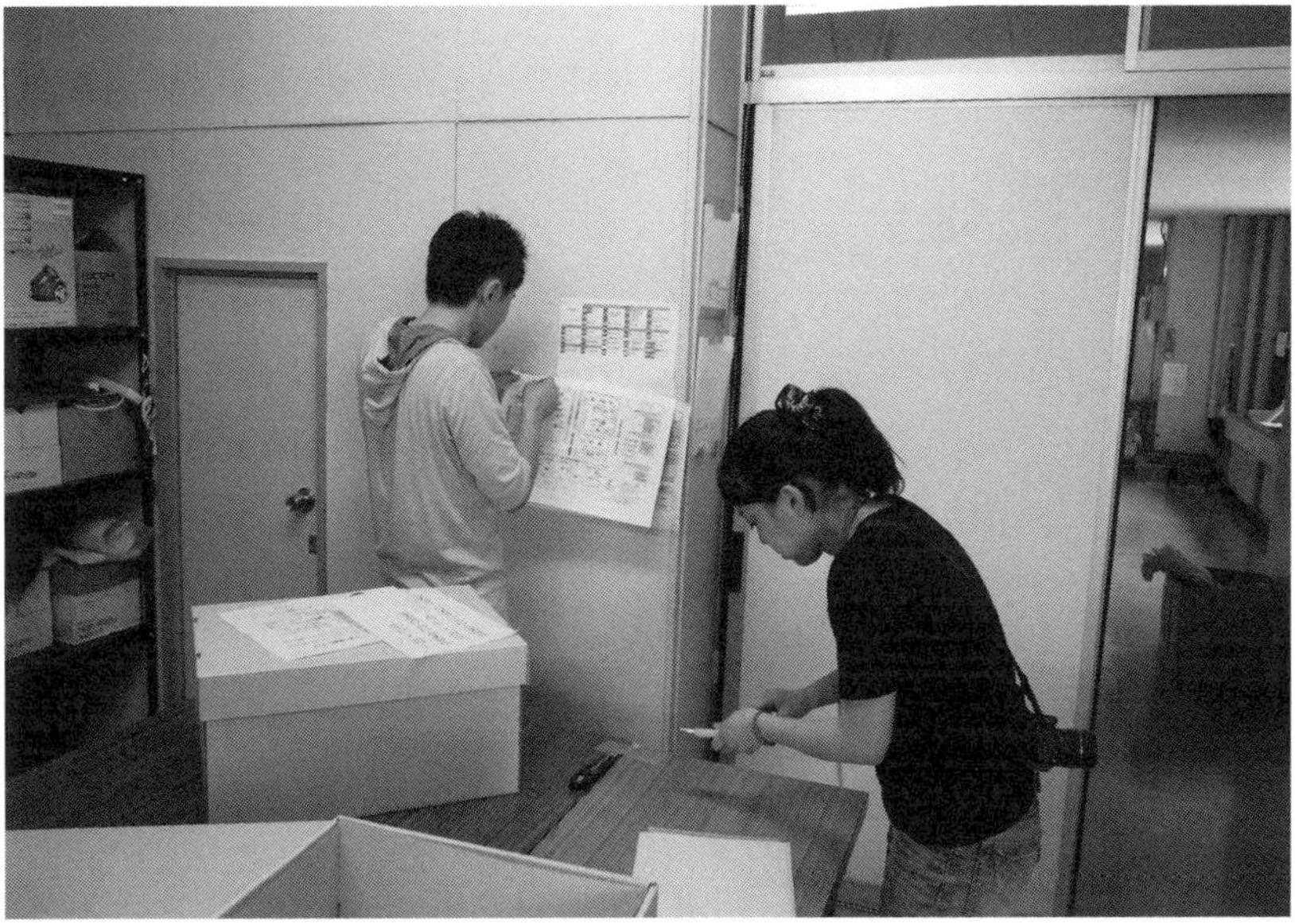

写真３　移転後の掲示物保全作業

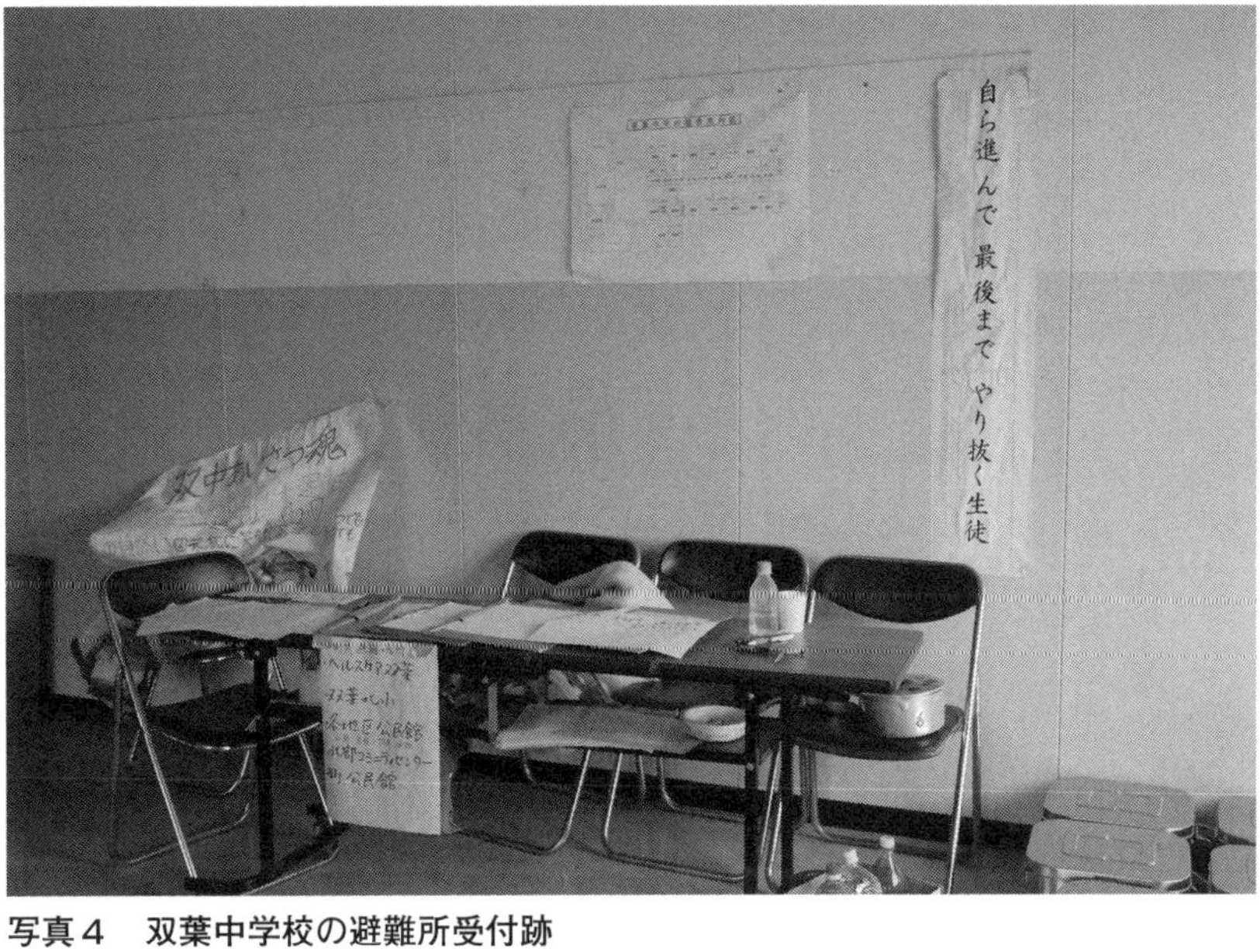

写真４　双葉中学校の避難所受付跡

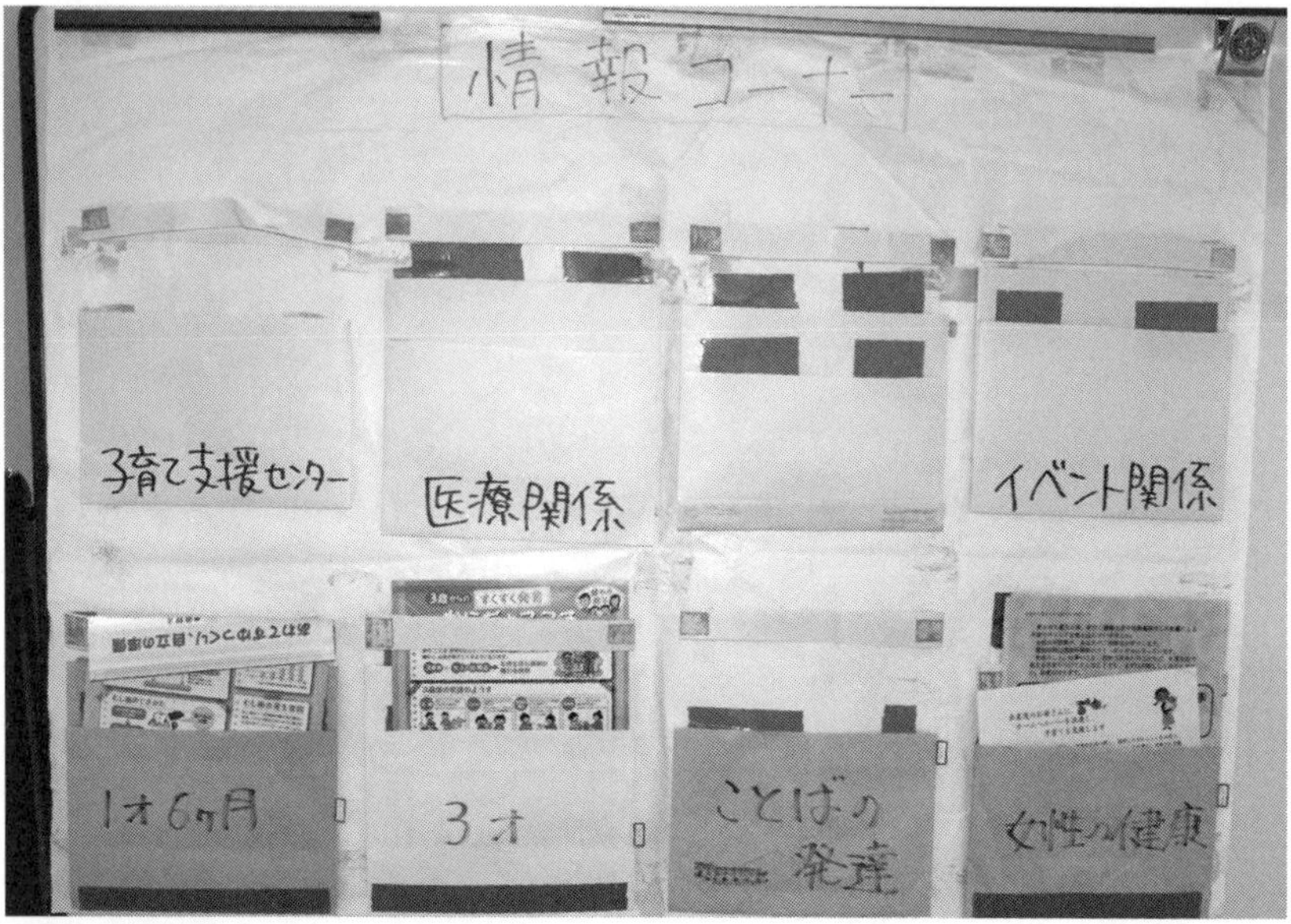

写真５　避難所にあった手製の情報コーナー

写真６　国立台湾歴史博物館における震災資料の展示

第七章　関東・東北豪雨水害における資料救出から復旧へ
――茨城県常総市での活動実践から

一　はじめに

本章は、茨城史料ネットが主導した、二〇一五年（平成二七）九月の関東・東北豪雨水害において実践した被災資料の救出とその後の文書復旧活動のうち、茨城県常総市における活動実践を中心に紹介する。ただし、活動開始時の状況が一段落した二〇一六年（平成二八）三月までを対象とする。

この活動実践の特徴は、一つの自治体で民間所在の歴史資料と行政文書の両方に対して、同時に救出保全活動を展開したことにある。もちろん、それは当初からの計画ではなく活動の過程で次第に広がっていった結果だった。

しかしながらこの活動は、茨城史料ネットにとって次の三つの点で意義あるものとなっている。第一は水損歴史資料と水損行政文書の復旧過程において双方に真空凍結乾燥処理を実施できたこと。第二は水行政文書に対する救出から文書の復旧までの全行程に初めて本格的に携わったこと。そして第三は歴史資料と行政文書の両方で復旧作業が収束に向かいつつあることである。

この活動実践について、歴史資料の救出では茨城史料ネットの高橋修氏[1]および添田仁氏[2]による報告が出され、行政文書の救出では茨城県立歴史館の永井博氏[3]や常総市総務課の倉持敏氏による報告[4]、また横内美穂氏による救出活動参加記[5]が出されている。筆者も第二回史料ネット全国研究交流集会において常総市役所の行政文書救出活動に関する報告を行ったことがある[6]。本章はそれらを踏まえて、当時の活動実践の全体像について組織運営の面から検証する。

なお後述のとおり、この活動実践において歴史資料（古文書）の救出活動および資料修復を主導したのは茨城大学の高橋修氏と添田仁氏である。また行政文書の救出活動で具体的な手順を定めると共に、トリアージの手法を導入して文書の復元を指揮したのは国文学研究資料館の青木睦氏であり、実際の作業を指導してきたのは林貴史氏である。したがって、文書の具体的な修復や復元については各氏からの報告に委ねることとする。

二　活動実践に至る過程

本章の対象時期における活動実践の概要は**表**に掲げた。まず表にしたがって、関東・東北豪雨の被災地で活動を開始するに至る経緯を確認しよう。

関東・東北豪雨の原因は、二〇一五年（平成二七）の台風一八号「エトー」である[7]。この時、関東地方は温帯低気圧に変わった台風一八号と前線の影響で、多数の線状降水帯が次々と発生したことにより記録的な大雨に見舞われた。鬼怒川の上流にあたる栃木県日光市では、九月九日から一〇日にかけての二四時間で観測史上最多雨量を観測している。常総市が位置する鬼怒川の流域では、一〇日朝以降、茨城県筑西市、結城市、下妻市、常総市の計七か所で溢水が発生した。そして同日の一二時五〇分、常総市三坂新田の一か所で堤防が二〇〇メートルにわたって決壊した。当日の筆者は筑波大学におり、事務室で堤防決壊直後のテレビ報道を観ていた。高橋氏は茨城大学で、当日から福島県棚倉町で始まった文書調査に翌日合流する準備をしていた。双方で最初に連絡をとったのはこの頃らしい。

同一〇日の夕方から夜にかけて、高橋氏と筆者が今後の対応を電話で相談し、二一時三〇分に高橋氏のメールニュースが配信された。茨城地方史研究会の久信田喜一会長や千葉史料ネットから、いち早く応答をいただけたことに改めて感謝申し上げる。だが実は、のちに資料救出対象地域となった常総市域が水害に見舞われたのは、この夜半以降である。翌一一日の深夜二時には常総市役所敷地に水が押し寄せ、以後三六時間で最大九〇センチメートルの冠水が続いた。

九月一四日、高橋氏と筆者がそれぞれ別個に、常総市を中心とする被災地の状況を視察した。この頃には茨城県教育庁文化課が被災地の指定文化財調査に着手していた。これらを踏まえ、当日に高橋氏は常総市における資料救出の準備開始を宣言、県文化課や茨城県立歴史館との連携のもとに具体的な準備に着手した。

九月一六日、常総市における行方不明者一五人の全員無事が確認され、現地で復旧へ向けた動きが本格化した。この頃、筆者のもとに saveMLAK から常総市立図書館への応援依頼が届き、急いで手持ちの支援物資を送った。同図書館は四〇センチメートルの浸水被害に遭い、約三万冊の蔵書を失っていた。(8) 茨城史料ネットも県文化課を通じ、常総市教育委員会に対して被災地における資料被害確認調査の実施を打診し、常総市教育委員会の了承を得ることができた。

　こうして茨城史料ネットは、九月一八日、一九日、二〇日の三日間、茨城県立歴史館・千葉史料ネット・神奈川史料ネットと共に常総市内で資料被害確認調査活動を実施した。水害の発生から八日目に救出活動を開始できた背景には、茨城県教育庁文化課との連携関係が存在した。東日本大震災の直後における連携に端を発した連携実績の成果であり、「こうしたやり取りが、災害直後にできたことは、茨城県の史料保全の小さいながらも前進だ」と高橋氏は総括している。(9)

表　2015年関東・東北豪雨水害時における資料救出活動経過（2015年度分）

年	月日	事項
2015	9月7日	※台風18号発生
	9月9日	※東海地方へ上陸、温帯低気圧へ
	9月10日	※常総市若宮戸で鬼怒川が溢水（6：30） ※常総市、筑西市に氾濫発生情報（8：00）、この頃に下妻市前河原で溢水か ※茨城県災害対策本部が自衛隊に対し常総市への派遣を要請（8：30） ※常総市三坂町で鬼怒川堤防が決壊（12：50） ※常総市水海道地区に避難指示（13：08） 茨城史料ネット高橋氏と筆者が対応を相談 高橋氏から、被災見舞と今後の活動と連携呼びかけのメールニュース配信（21：30）
	9月11日 午後	※常総市役所本庁舎敷地が冠水（2：00頃）、最大で約90㎝ 茨城県文化課から被災地の文化財調査予定について、茨城史料ネットに連絡 茨城地方史研究会から茨城史料ネットに連絡
	9月12日	※常総市役所本庁舎敷地の冠水が収まる（未明） ※行方不明者15人と発表
	9月13日	茨城県教育庁文化課が被災地の指定文化財調査に着手

	千葉史料ネットから茨城史料ネットに連絡
9月14日	高橋氏が被災地の現地調査、その結果を踏まえて茨城史料ネットの資料救出活動を準備開始、茨城県文化課に連絡
9月15日	茨城史料ネットと茨城県立歴史館で情報交換 きぬ看護学校から被災文書救出に関する相談
9月16日	※行方不明者15人の無事を発表 茨城史料ネットが資料救出活動について、常総市教育委員会と連絡調整 saveMLAKから茨城史料ネットへ常総市立図書館への支援要請
9月17日	茨城史料ネットからsaveMLAKへ支援物資の提供
9月18日	茨城史料ネットが常総市水害地域において資料救出活動（1日目）、N家資料を救出
9月19日	茨城史料ネットによる常総市水害地域での資料救出活動（2日目）、M家資料を救出
9月20日	※自衛隊の活動終了、撤収 茨城史料ネットによる常総市水害地域での資料救出活動（3日目）、I家資料を救出
9月21日	『茨城新聞』が9月18日に実施した資料救出活動の記事を掲載 地元の研究者である海老原氏が『茨城新聞』記事を読み、常総市の歴史的公文書の水損被害危機を茨城県立歴史館や茨城地方史研究会などへ通報 茨城県立歴史館が常総市役所の被災状況を調査（夕方） 茨城県立歴史館から茨城史料ネットへ常総市役所の歴史的公文書被災の連絡 茨城史料ネットがN家資料、M家資料、I家資料の応急保全処置と梱包を実施
9月22日	茨城県立歴史館の田村行政資料課長が常総市総務課の倉持室長に対し、水損公文書の救出に対する常総市の意向を確認 茨城史料ネットから各方面に常総市水損公文書の救出支援要請メール（夜） 茨城史料ネットが救出した各家の資料を東北大学災害科学国際研究所歴史資料保存研究分野へ移送
9月23日	国文学研究資料館青木氏から協力受諾の連絡
9月24日	※三坂町で堤防決壊箇所の応急復旧工事完了
9月25日	※若宮戸で溢水箇所の応急対策完了 茨城県立歴史館、茨城史料ネット、国文学研究資料館が、常総市総務課と面会、水損行政文書救出の実施について打ち合わせ（夕方）

9月27日	茨城史料ネットがメールニュースで常総市役所の水損行政文書救出のボランティア参加を呼びかけ（以後2回呼びかけ）
9月28日付	常総市長から茨城県教育委員会教育長あて文書「水損した行政史料に係る復元作業について」
9月29日付	茨城県教育委員会教育長から茨城史料ネットあて文書「水損行政史料に係る救助活動について（依頼）」
9月30日	行政文書救出作業開始（1日目）
10月1日	行政文書救出作業（2日目）
10月7日	行政文書救出作業（3日目）
10月8日	行政文書救出作業（4日目）、常総市に対する今後の救出活動支援について国立文化財機構、茨城県文化課、茨城県立歴史館、茨城史料ネット、常総市総務課の間で意見交換
10月9日	行政文書救出作業（5日目）
10月10日	※関東鉄道が全線開通 行政文書救出作業（6日目）
10月11日	行政文書救出作業（7日目）　※この日まで7日間の作業参加者：延べ228名
10月13日	行政文書救出作業（8日目）　※これ以降は毎週月～金で作業継続
10月16日	国立文化財機構事務局栗原氏が現状視察、国文学研究資料館青木氏、茨城史料ネット（白井）、常総市総務課倉持氏と意見交換
10月18日	下妻市前河原の溢水箇所近くに位置する下妻市ふるさと博物館から茨城史料ネットに水損資料保全の支援要請
10月19日	水損公文書の復旧作業のため、常総市シルバー人材センターから従事者を雇用
10月20日	国立公文書館が現状視察、後日に常総市から支援依頼文書を送付
10月21日付	常総市長から茨城県教育委員会教育長あて文書「水損した行政史料の復元に係る技術的指導について」
10月23日	茨城史料ネットが笠間市Y家の被災資料を保全
10月26日	茨城史料ネットが保全したY家資料を東北大学災害科学国際研究所歴史資料保存研究分野へ移送
10月27日	「常総市役所水損行政文書等復原計画」策定
10月28日付	茨城県教育委員会教育長から茨城史料ネットあて文書「水損した行政史料の復元に係る技術的指導について（依頼）」
10月29日	茨城史料ネットが下妻市ふるさと博物館と対応協議
11月1日付	茨城史料ネットのメールニュースで「11月の常総市役所の水損行政文書レスキューと関連資材支援のお願い」を配信　※以後、月1回程度の配信を継続
12月1日	※常総市内の避難所を閉鎖

	12月3日付	下妻市長から茨城県教育委員会教育長あて文書「水損した歴史資料の保全・復旧について」
	12月5日	茨城大学人文学部第11回地域史シンポジウム「自然災害に学ぶ 茨城の歴史―被災の記憶と教訓を未来へ―」で、常総市における資料救出活動について報告
	12月7日	国立公文書館による水損文書復旧の技術指導（12月8日まで）
	12月10日付	茨城県教育委員会教育長から茨城史料ネットあて文書「水損した歴史資料の保全・復旧について（依頼）」
	12月14日	国立公文書館による水損文書復旧の技術指導（12月15日まで） 「緊急支援報告会！ 常総市水損行政文書の救助と復旧」開催、参加者80名
2016	1月4日	常総市が文書復旧指導のための特別非常勤職員として林貴史氏を雇用、非常勤職員1名を雇用
	1月18日	第1回「常総市被災行政文書等保全連絡会議」開催
	2月16日	「常総市 文書復旧ニュース」第1号発行
	2月17日	茨城史料ネットの学生ボランティアが東北大学災害科学国際研究所で水損文書の復原作業に従事（2月19日まで）
	2月27日	全国歴史資料保存利用機関連絡協議会（全史料協）近畿部会第131回例会で、国文学研究資料館青木氏と常総市総務課倉持氏が、常総市の水損公文書救出活動について報告
	3月14日	茨城史料ネットの学生ボランティアが東北大学災害科学国際研究所で水損文書の復元作業に従事（3月15日まで）
	3月19日	第2回全国史料ネット研究交流集会（福島）で、茨城史料ネットが関東・東北豪雨水害における資料救出活動について報告
	3月31日	「常総市 文書復旧ニュース」第2号発行
	3月	※『忘れない9・10 平成27年9月関東・東北豪雨 常総市災害記録』刊行

参考：『忘れない9・10 平成27年9月関東・東北豪雨 常総市災害記録』（二〇一六年三月）
茨城史料ネットホームページ（二〇一八年一二月二三日閲覧）
添田仁「史料レスキューグループ」（『茨城大学平成27年関東・東北豪雨調査団成果報告書』、二〇一六年三月）
添田仁「関東・東北豪雨の水損文書に刻まれた治水の景観」（『利根川文化史研究』四〇号、二〇一六年一二月）
倉持敏「関東・東北豪雨による水損文書の復旧活動」（『記録と史料』二七号、二〇一七年三月）

三　歴史資料（古文書）に対する活動

民間所在の歴史資料の救出および修復活動は、前述のとおり活動の中心だった高橋氏と添田仁氏による詳細な報告をすでに得ている。[10]そこに筆者自身の断片的な活動を加え、以下では活動の概要を述べる。

茨城史料ネットを中心とする最初の資料被災確認調査は、前述のとおり二〇一五年九月一八日～二〇日の三日間で実施された。常総市の水害は、市北部の若宮戸における溢水と市中部の三坂新田における堤防決壊の二か所で起きたので、初日である一八日の午前中は市北部と市南西部の二班に分かれて行動した。

常総市は、二〇〇六年（平成一八）に旧水海道市が旧石下町を編入した際に改称して成立した市である。旧水海道市は一九七三年（昭和四八）から八四年（昭和五九）にかけて市史編さん事業を実施し、『水海道市史』全三巻を刊行した。旧石下町でも一九八八年（昭和六三）に『石下町史』全一巻を刊行している。[11]調査にあたっては、旧水海道市分は市史編さん事業の成果物である『水海道市史資料集5　市内資料所在目録Ⅰ』（一九七七年〈平成五二〉）に基づいて調査先を選定した。旧石下町分は資料所在目録の存在を確認できなかったが、[12]筆者がかつて隣接自治体で編さんに携わった経験から重要資料の所在知見を有していたため、午前中は市北部の調査に参加した。併せて下妻市南部の資料所蔵者宅にも伺った。

午前中の調査の結果、市北部および下妻市南部では水損被害を受けた資料は確認されなかった。ただし、市東北端の自然堤防上に位置する旧家宅では、水害時に地上から約一メートルの浸水被害を受けて、数日前に家の中の片付けを行った際、古文書が収められていたと思われる文書箪笥を廃棄したとの話を伺った。

市北部の調査班は午前中で切り上げ、午後は市南西部の水海道市街地で確認調査を行った。ここでは数件の水損資料を保全したほか、ゴミ集積場に集まった資料群のチェックも行っている。ただし、四〇年前の所在目録に基づく調査であったため、少なからぬ調査先が見当たらなかったのが現実だった。その中で、確認調査で訪問した近代資料を所蔵する旧家は、居宅も土蔵もかさ上げした土地の上に建っていて、水損被害はなかった。話を伺うと、一九三八年（昭和一三）に起きた鬼怒川水害の記憶について先代・先々代から厳しく伝えられてきたとのことだった。

翌日の一九日と翌々日の二〇日は、神奈川史料ネットと千葉史料ネットの協力を得て、市東部および市中部の確認調査を行った。このうち二〇日には、堤防決壊地点から比較的近い（いわば水害の直撃を受けた）、近世の新田村にあたる地区で廃棄された文書箪笥を発見した。所蔵者宅を訪問して確認の結果、旧水海道市史編さん事業などの学術調査を受けていた数百点の重要資料群と判明した。所蔵者と相談し、茨城史料ネットが保全処置を行うこととなった。

この時点で水損被災から一〇日が経過し、資料が悪臭を放っていたため、早速現地で資料の水洗いを行ったのち、同日夜に茨城大学へ運び込んだ。そして、真空凍結乾燥処理の装置を配備している東北大学災害科学国際研究所の天野真志氏へ連絡を取って相談を行い、二二日には同氏の好意で茨城大学から東北大学への移送を行うことができた。そしてこの資料群には真空凍結乾燥処理が施され、二〇一六年八月に茨城大学へ戻された。その後は茨城史料ネットの呼びかけで、ボランティアによる洗浄作業が続けられている。

このほか茨城史料ネットは、下妻市前河原における鬼怒川の溢水被害を受けた下妻市ふるさと博物館の所蔵資料、笠間市における旧家の資料と、二〇一六年三月までに二件の水損資料の保全を行い、同じく東北大学に保全処置を依頼した。依頼した総数は約一〇〇〇点に及んだ。

全体として、二〇一五年関東・東北豪雨水害の被災地において茨城史料ネットが実施した確認調査先は四〇件、うち一〇件の歴史資料を保全するに至った。前掲の年表で明らかなとおり、これらの救出活動に従事した実質期間は災害発生一〇日後から四五日後までに相当する。このうち九月下旬の三日間は、茨城史料ネットから現地に赴いた活動であるのに対し、一〇月以降は資料保全活動の情報を伝え聞いた方々から連絡を受けた活動である。この間に、次に紹介する『茨城新聞』の報道を得たことが、茨城史料ネットの活動を広く知らせた要因と思われる。ただ、九月下旬までは大学の夏期休暇期間で大学教員・大学生・大学院生の活動が可能だったものの、秋学期が始まった一〇月以降では活動の頻度が減っている。これは、次に述べる行政文書の救出活動でも同様である。

四　行政文書に対する活動

(1) 活動の開始まで

常総市の水損行政文書に対する救出・保全活動のきっかけは新聞報道である。

前述した九月一八日の水損資料確認調査について、活動の様子が九月二一日付の『茨城新聞』に掲載された。その日の朝、常総市役所が保有する歴史的公文書の調査研究に長年取り組んでいた地元の研究者である海老原恒久氏が記事を読み、文書の被害状況を心配して市総務課に問い合わせた。すると市からは、文書が配架された書架の半分まで浸水被害を受けていて対応困難との回答を得たという[13]。そこで海老原氏は、常総市の行政文書の危機について茨城地方史研究会や茨城県立歴史館などへ通報し、救出・保全の方策を相談した。

海老原氏からの相談を受けた茨城県立歴史館は、直ちに同日夕方に常総市役所で状況調査を実施した。翌二二日には県立歴史館が常総市役所に水損行政文書の救出の意向を確認し、茨城史料ネットへ連絡を行った。そこで同日夜に高橋氏と筆者が相談し、思いつく限りの方々（一〇名程度）に応援依頼のメールを送信した。翌二三日、海外から帰国直後だった国文学研究資料館の青木睦氏より応援受託のメールをいただき、直ちに県立歴史館へ連絡、さらに常総市役所へ連絡を取ってもらった。

鬼怒川決壊

被災史料の修復助言

茨城史料ネット 常総で保全活動

被災地の名家などを訪れ資料の現状を尋ねる「茨城史料ネット」のメンバーら＝常総市内

鬼怒川決壊に伴う水害被害を受け、被災した文化財・歴史史料の救出活動を行っている民間団体「茨城史料ネット」は、被災地の常総市内で、旧家などに眠る古文書やびょうぶといった史料についての情報提供を呼び掛けている。史料の保全や修復を助言する。

同団体は茨城大、筑波大など、県内の学生や教員が主体で活動。東日本大震災をきっかけに、2011年7月に発足した。県内外の被災地を訪ね、文書史料などの救出や保全活動を行っている。

今回は同市の教育委員会と連携し、村史や市史編さん時の協力者を中心に、「史料所在地図」を作成した上で各家庭を訪ねる。

18日には茨城大の添田仁准教授や学生、県立歴史館の職員ら8人が参加し、同市水海道地区を中心に被災状況や史料の現状を確認した。一行は旧家を訪ね、支援物資を手渡すとともに「水でぬれても、史料は修復できます」と呼び掛けた。この日は計13軒を回った。

筑波大の白井哲哉教授は「その土地に何の記録があったか分かるだけでも価値がある。数百年残ってきた貴重な史料の意味を受け止め、伝えていきたい」と話している。情報提供や問い合わせは茨城史料ネット事務局☎029（228）8118へ。

（安ケ平絵梨）

『茨城新聞』2015年９月21日朝刊23面記事

二日後の二五日夕方、筆者と茨城県立歴史館の石井氏、国文学研究資料館の青木氏と高科氏、そして青木氏の依頼によって林貴史氏が常総市役所へ赴き、市総務課の倉持氏と面会し、水損行政文書の救出活動実施について打ち合わせを行った。この時の主な決定事項は、救出活動は九月三〇日と一〇月一日の二日間実施する、主たる作業は浸水した当時の文書庫（**写真1**）から安全な場所への文書の移動、移動先は文書庫から数十メートル離れた場所にある市役所第一分庁舎の三階（被災直後から自衛隊の活動拠点だったが二〇日に撤収済みで空いていた）、である。

救出活動の日程が決まったので、直ちに各方面に周知する必要があった。しかし茨城史料ネットでは、それまで本格的な水損行政文書の救出経験を持っていなかったので、二六日に林貴史氏の御教示を受けて以下の文面を作成し、翌二七日に茨城史料ネットのメールニュースで配信した。参考のため、次に全文を掲げる。

件名：[ibaraki-shiryou:0073]【緊急】常総市役所の水損行政文書レスキュー募集について

【緊急募集！常総市役所の水損行政文書レスキュー】

去る9月10日に発生した関東・東北豪雨災害による鬼怒川堤防の決壊に伴い、常総市を中心とする茨城県西部に大きな被害をもたらしました。民間所在の古文書等の救助活動は、すでに開始していますが、新たに常総市役所の浸水により行政文書が水損していることが判明し、昨日、常総市役所からの要請を受け、青木睦氏・林貴史氏の指導を受け、下記のとおりレスキュー活動を実施することとなりました。つきましては、皆様のご協力ご支援をよろしくお願いいたします。なお資材の備えが十分ではありません。参加者各自でご持参くださるようお願いいたします。多くの方にご参加いただき、作業を進めたいと思っています。お知り合い等にお声掛けいただければ幸いです。

●作業期間

・9月30日（水）・10月1日（木）、いずれも9時30分～17時00分

●集合場所
常総市役所　庁舎前　9時15分
※常総市役所へのアクセス
常総鉄道　水海道駅下車　徒歩8分
常総鉄道へはつくばエクスプレス　守谷駅、または常磐線取手駅からの乗りかえになります。
常総鉄道の水海道駅以北は現在も不通です。
例　秋葉原　8：00発　守谷　8：35着　8：44発　水海道　8：56着
秋葉原　8：11発　守谷　8：51着　8：56発　水海道　9：07着

●募集対象
・未経験でも被災資料復旧を支援したい方
・被災文書救助活動の経験を日常の活動に生かしたい方
・文書取り扱い経験のある専門スタッフとして支援したい方

●作業内容
・水損文書の搬出作業を中心に、状況により初期乾燥処置を行います。

●準備装備品
運搬作業が中心となります。力仕事に対応しやすい装備で対応してください。

一部にカビの発生が見られます。塵挨やカビ胞子の予防のため、マスク・ゴーグルなど必要と思われる装備を各自用意してください。

・汚れてもよい服装、またはエプロン
・マスク（NIOSH N95準拠等）
・軍手、使い捨て手袋（薄型ラテックス手袋）等
・ゴーグル、アイガード等
・ウエットティシュ、タオル等
・昼食、飲料水等（市役所近くで購入も可能）
※状況によりヘルメット、ヘッドライト等が必要となる場合がありますので、お持ちの方はご持参ください。作業場所の浸水は、すでに引き、がれきなどの流入はありません。

この文面で二七日と二九日の計二回、茨城史料ネットからニュース配信を行った。また、岩手県釜石市の水損行政文書救出作業に参加する「釜石支援調査会」へ青木氏と林氏から二六日に情報の伝達が行われると共に、青木氏から国立文化財機構の各館にも応援要請をいただいた。さらに、国文学研究資料館の西村慎太郎氏や各地の史料ネットからも情報の周知が行われた。その結果、二日間で延べ一一〇名の参加者に集まっていただいた。

救出作業の準備段階で留意した点が二つある。一つは、常総市役所の外部の人間が公務で救出活動に参加する上での手続の整備である。具体的には、常総市長から茨城県教育委員会教育長宛てに平成二七年九月二八日付「水損した行政史料に係る復元作業について」の依頼文が出された（**資料1**）。これを受けて茨城県教育委員会教育長は、平成二七年九月二九日付「水損行政史料に係る救助活動について（依頼）」の文書を作成し、指定管理者である茨城県立歴史館、茨城史料ネット（**資料2**）、国文学研究資料館、国立文化

資料１（茨城史料ネット提供）

写

平成２７年９月２８日

茨城県教育委員会
教育長　小野寺　　俊　殿

常総市長　　高　杉　　徹

茨城県常総市長之印

水損した行政史料に係る復元作業について

平素は，本市の行政運営に多大なる御支援を賜り，お礼申し上げます。

この度の関東・東北豪雨による鬼怒川の氾濫に伴い，本市では約４０平方キロメートルの区域が浸水し，家屋１万１千戸が被災いたしました。

このため，被災された市民の方々が一日も早く平穏な生活に戻れるよう全力でその復旧支援に取り組んでいるところでございます。

一方で，当庁も被災し，構内別棟の永年文書を保存する書庫につきましても，床上９２センチメートルまで浸水し，多くの貴重な行政史料が水損いたしました。水損した文書は，昭和の大合併以前の旧町村から引き継いだものが多くを占め，百年以上前の貴重な行政文書も含まれていることから，速やかに，カビの発生，腐食等を防ぐためにこれを搬出し，乾燥等の措置を講じなければなりません。

つきましては，水損した行政史料を構内の空き庁舎に搬出した上で，計画的にその復元の作業を進めていきたいことから，これに係る御支援をいただきたく，特段の御配慮をお願い申し上げます。

なお，水損した行政史料の搬出につきましては，下記の期日を予定しておりますので，申し添えます。

記

１　期日　平成２７年９月３０日及び同年１０月１日（時間は，両日とも午前９時から午後５時まで）

２　場所　常総市役所本庁舎永年書庫

【担当】
常総市総務部総務課法制室
室長兼係長　[redacted]
電話番号　0297-23-2904（直通）
ファクシミリ　0297-23-2162
電子メール　[redacted]

資料２（茨城史料ネット提供）

文 第 1606 号
平成２７年9月２9日

茨城文化財・歴史資料救済・保全ネットワーク代表　殿

茨城県教育委員会教育長

水損行政史料に係る救助活動について（依頼）

このことについて，別添写しのとおり平成２７年９月２８日付けで常総市長から当該市の行政史料に係る救助活動の支援要請がありました。

つきましては，下記のとおり実施しますので，貴機関の御協力・御支援について御高配くださるようお願いいたします。

記

1　日時　平成２７年９月３０日（水）から１０月１日（木）　２日間
　　　　両日とも９時から１７時まで
2　場所　常総市役所本庁舎永年書庫

問い合わせ先
〒310-8588　茨城県水戸市笠原町978番6
茨城県教育庁総務企画部文化課 [redacted]
TEL:029-301-5449／FAX:029-301-5469
E-mail:[redacted]

財機構の四者へ送付した。これにより、これらの機関の職員等が常総市の救出作業に公務として参加する手続が整った。

もう一つは、救出対象が常総市の行政文書で、中には個人情報を含む多数の非公開文書が存在した点である。そこで、救出活動の参加者は公文書館職員や学芸員などの資料取扱専門職を想定し、参加募集にあたっては茨城史料ネットや各地の史料ネット関係者による周知を心がけて、特に常総市民に対する情報の周知を行わなかった。実際、二日の参加者延べ一一〇名の中で常総市民の参加は一～二名だった。なお参加者には、常総市長宛ての個人情報保護に関する誓約書をそれぞれ書いてもらった。

（2）初動時の活動

被災した常総市の行政文書は市役所別棟一階の文書庫で保管されていた。ここは市制三〇周年事業の一環で一九七七年度（昭和五二）に六段の電動書架一〇列が配備され、昭和の大合併で一九五四年（昭和二九）に旧水海道市が成立する以前の旧町村役場文書約七〇〇〇点と、旧水海道市成立から現在に至る常総市の永年保存文書約七〇〇〇点が配架されていた。前者は旧水海道市史編さん時の一九七七年度、筑波大学岩崎宏之氏と同ゼミ生によって整理されて封筒へ一点ごとに詰められ、封筒を立てて配架されていた。後者は主に簿冊の形態で縦に並べられていた。ここで最深九〇センチメートルの浸水が三六時間続き、六段のうち下から三段目までの計約七〇〇〇点の文書が水損被害を受けた。[14]

救出活動の最初の仕事は、動かなくなった文書庫の電動書架を力ずくで数人が押して棚の隙間を作ることだった。そして永年保存文書から搬出作業に着手した。常総市は配架された棚番号で文書を管理しているので、各文書の配架位置を記録した（写真2）のち、棚番号を書いた紙と一緒に搬出先の第一分庁舎へ移動させた（写真3）。また、被災した下三段の文書と被災していない上三段の文書を区別して、前者は風通しの良い三階（写真4）へ、後者は一階へ搬入した。九月三〇日の作業開始時には数多くのマスコミ関係者が訪れ、いくつもの新聞とテレビニュースで報道された。

永年保存文書を先に搬出した理由は、旧町村役場文書が封筒に詰められていた（写真5）ので水損の被害が軽微だろうと判断したためである。しかし実際は、封筒の口が上を向いて配架されていたため、水で封筒が水没した際に水が溜まっていた。そのため水が引いたあとも水が抜けなかったので、むしろ封筒の中でカビや腐食などの劣化が進行していた（写真6）。二日目の作業中にその事実を発見した青木氏の提案により、翌週の一〇月七日から一一日までの五日間に救出活動の第二弾を実施した。参加者は延べ一一八人だった。この作業によって確認された文書の被害は甚大であり、搬出が終わったあとも長期間にわたり継続して文書の修復作業を行う必要が明らかになった。

全文書の搬出が終了した一〇月八日と翌九日、青木氏を中心に国立文化財機構、茨城県教育庁文化課、茨城県立歴史館、茨城史料ネット、常総市総務課の間で今後の救出態勢等について意見交換を行った。その結果、緊急の要請によって実施したこれまでの救出活動とは異なり、今後は常総市自らが文書の救出や修復活動を実施してそれを外部の人間が支援する態勢を構築する方向で一致した。

（3）市の方針と連携支援態勢の確立

そこで常総市総務課は一〇月一九日、シルバー人材センターから毎日二人を雇用し、水損行政文書の修復作業に従事させる態勢をとった。また、再び常総市長から茨城県教育委員会教育長宛て平成二七年一〇月二一日付「水損した行政史料の復元に係る技術的指導について」の依頼文（資料3）が出された。そして、これを受けて茨城県教育委員会教育長は、平成二七年一〇月二八日付「水損した行政史料の復元に係る技術的指導について（依頼）」の文書を作成、茨城県立歴史館、茨城史料ネット（資料4）、国文学研究資料館、国立文化財機構、国立公文書館、全国歴史資料保存利用機関連絡協議会（全史料協）の六者へ送付した。これにより、常総市が自ら水損文書の復原作業を開始すると共に、各機関・団体の職員等が常総市のレスキュー作業に公務として引き続き参加する態勢が整った(15)。

この間、一〇月一六日に国立文化財機構の栗原祐司事務局長（当時）が常総市の文書修復作業場を視察し、その場で青木氏、常総市総務課の倉持氏、筆者の四人で今後の支援態勢のあり方について協議が行われた。ここで栗原氏の提案に基づき、「常総市水損行政文書等保全連絡会議」の開催を軸にした外部機関による連携支援のフロー図が描かれた。これは東日本大震災における現地救援本部の先例を元に作成された。

さらに一〇月二七日、常総市が「常総市役所水損行政文書等復原計画」を市長決裁で策定し、今後の事業の方向性を定めた。これは行政文書等の概要、行政文書等の搬出について、復原作業について、庁内態勢について、関係機関からの技術的支援について、永年書庫の設置について、作業工程について、の七節で構成され、これまで述べてきた行政文書救出活動の経緯と作業内容が常総市の視点でまとめられており、前述のスキームも「被災行政文書保全等連絡会議の設置」として一部反映されている。最後に、浸水で使用できなくなった文書庫の再建計画が載せられている。

こうして一〇月下旬以降、水損行政文書の修復は毎週月～金の九時から一六時まで、常総市の雇用者、

資料３（茨城史料ネット提供）

写

平成２７年１０月２１日

茨城県教育委員会
教育長　小野寺　俊　殿

常総市長　高杉　徹

水損した行政史料の復元に係る技術的指導について

この度は，河川氾濫に伴って水損した本市の行政史料に係る復旧につきまして，多大なる御支援を賜り，心からお礼申し上げます。

貴委員会総務企画部文化課及び歴史館の御担当者様を始めとし，各研究機関等の皆様方の御協力をいただいたことによりまして，水損した全ての文書を書庫から搬出し，迅速かつ的確な保全を講じることができました。

今後は，搬出した文書の洗浄，乾燥等を行い，復元に向けた作業を実施してまいりたいと考えておりますが，その一方で，洗浄，乾燥等に関する専門的知識を有していないことから，その実施方法につきまして苦慮しているところでございます。

つきましては，水損した文書の洗浄，乾燥等に関しまして，専門的見地からの技術的な指導を賜りたく，これに係る各研究機関等への支援の要請を御依頼いたしたく，特段の御配慮をお願い申し上げます。

なお，御支援をいただく皆様方の旅費につきましては，それぞれの研究機関等において御負担していただきたく，御理解のほどよろしくお願いいたします。

記

1　技術的指導をいただきたい日時
　平成２７年１１月１日から平成２８年3月３１日までの間で，随時，ホームページ等において公表する日時

2　行政史料の復元作業を行う場所
　常総市役所第一分庁舎

【担当】
常総市総務部総務課法制室
室長兼係長　[redacted]
電話番号　0297-23-2904（直通）
ファクシミリ　0297-23-2162
電子メール　[redacted]

資料４（茨城史料ネット提供）

文　第１８４９号
平成２７年１０月２８日

茨城文化財・歴史資料救済・保全ネットワーク代表　殿

茨城県教育委員会教育長

水損した行政史料の復元に係る技術的指導について（依頼）

このことについて，別添写しのとおり平成２７年１０月２１日付けで常総市長から支援要請がありました。

つきましては，下記のとおり実施しますので，貴機関の御協力・御支援について御高配くださるようお願いいたします。

なお，旅費につきましては，貴機関において御負担願います。

記

1　日時　平成２７年１１月１日から平成２８年３月３１日までの間で，随時ホームページ等において公表する日時
2　場所　常総市役所第一分庁舎

問い合わせ先
〒310-8588　茨城県水戸市笠原町978番6
茨城県教育庁総務企画部文化課 [redacted]
TEL:029-301-5449／FAX:029-301-5469
E-mail:[redacted]

常総市水損行政文書等保全連絡会議との連携支援のフロー図（青木睦氏提供）

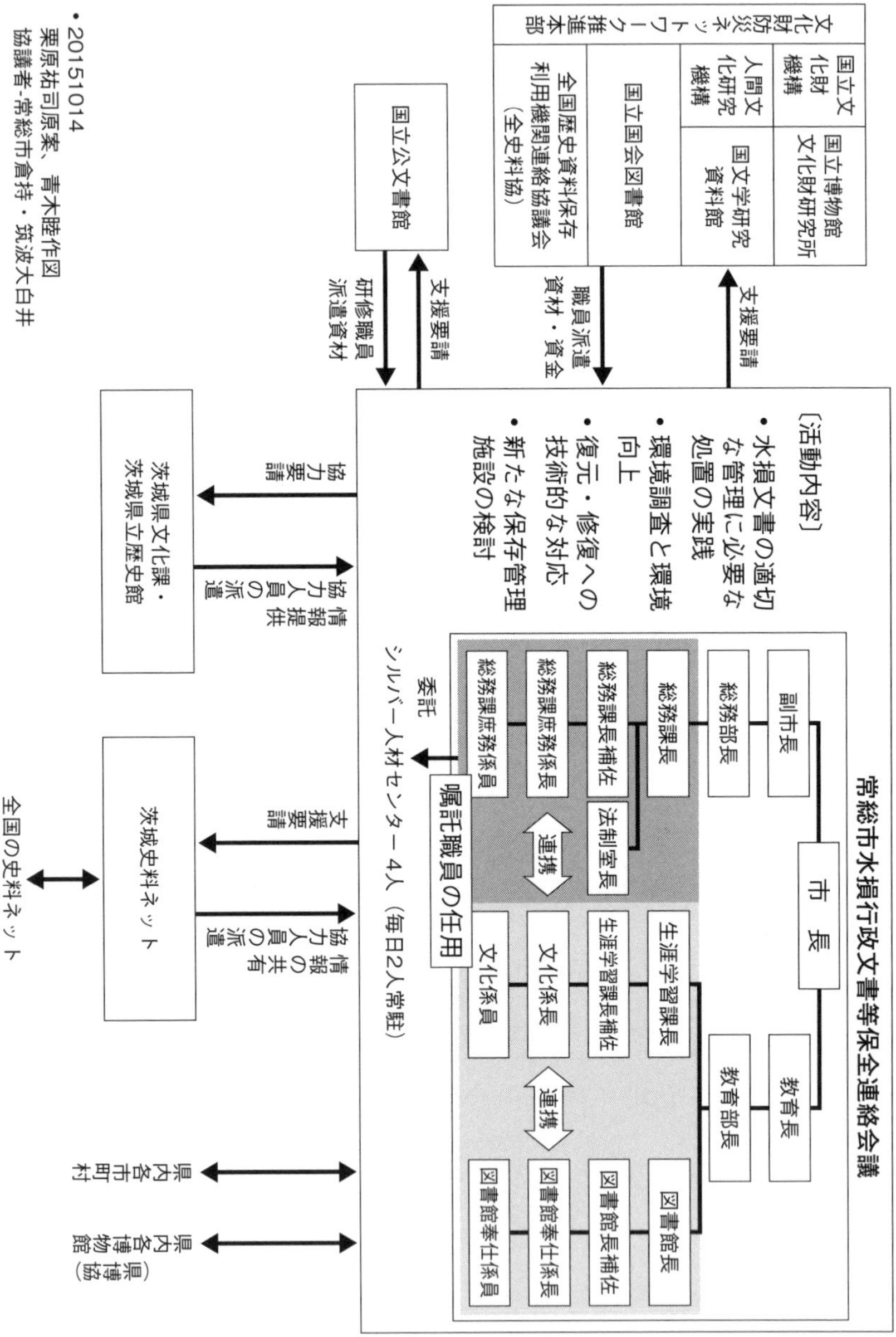

茨城県立歴史館をはじめとする外部支援機関の職員等、毎月一日頃に配信していた茨城史料ネットのメールニュースの呼びかけで参加したボランティアの、三者で作業が進められていった。

（4）態勢の充実と広報活動

状況が一段落した一一月上旬から、今回の行政文書救出活動の中間総括を行うべくイベントの開催準備を始めた。そして一二月一四日、常総市役所第一分庁舎で「緊急支援報告会！　常総市水損行政文書の救助と復旧」を開催した（**写真7**）。折しも一二月七、八、一四、一五日の四日間、国立公文書館による水損文書の修復研修会が同じ場所で開催される予定だったので、その見学会も兼ねた。参考のため、開催要項の一部と当日の次第を次に掲げる。

〈開催要項〉

【緊急支援報告会！　常総市水損行政文書の救助と復旧】　開催要項

趣旨：去る9月10日に発生した台風18号による関東・東北豪雨では、鬼怒川決壊による水害で常総市域の歴史資料が被害を受け、茨城文化財・歴史資料救済・保全ネットワーク（茨城史料ネット）を中心とするレスキュー活動が展開されました。

また、この水害による常総市役所水損行政文書のレスキュー活動は、これまで常総市とともに国立文化財機構、同機構文化遺産防災ネットワーク推進室、国文学研究資料館、茨城県立歴史館、茨城史料ネット、茨城地方史研究会を中心とする支援が行われ、多くのボランティアの方々が参加してくださいました。現在は常総市が主導して、被災文書の洗浄・乾燥作業が続けられています。

茨城県及び県内市町の公文書担当及び文化財担当、また各地の歴史資料保存利用活動に携わる方々及び歴史資料や公文書の調査・研究に携わる方々にとって、今回の常総市における水損行政文書被害とその救助・復旧の取り組みは大きな関心事となっています。

そこでこのたび、被災公文書の現状と復旧への取り組みについて現状を知っていただき、今後の常総市への支援に資するとともに、歴史的に重要な公文書等の救出・保全・復旧に関する今後の活動や調査研究等に資するため、下記のとおり標記の緊急支援報告会を開催するものです。

主催：常総市、筑波大学知的コミュニティ基盤研究センター、茨城文化財・歴史資料救済・保全ネットワーク

共催：茨城県立歴史館、茨城地方史研究会、茨城大学、筑波大学図書館情報メディア系、人間文化研究機構基幹研究「人命環境アーカイブズの予備的調査研究」（国文学研究資料館）、国文学研究資料館基幹研究「民間アーカイブズの保存活用システム構築に関する基礎研究」

日時：２０１５年12月14日（月）　13時30分～16時

会場：常総市役所　第一分庁舎　１階に集合

３０３-８５０１ 茨城県常総市水海道諏訪町３２２２-３　常総市役所敷地内

※関東鉄道常総線　守谷駅下車　徒歩約７分

対象：

（１）茨城県及び各市町等の公文書担当及び文化財・歴史資料担当

（２）その他、被災文書の救出・復旧作業に関心のある者

（以下略）

《当日の次第》

開会・あいさつ

報告1：常総市における古文書・公文書の水損被害とレスキュー活動の開始

「関東・東北豪雨水害　被災した古文書の救出作業」

茨城史料ネット・茨城大学人文学部　　添田　仁氏

「災害の発生とレスキュー初期対応について」

茨城県立歴史館　　田村和浩氏

「『常総市役所水損行政文書等復原計画』について」

常総市役所総務部総務課　　倉持　敏氏

報告2：「水損行政文書の救助・復旧活動について」

国文学研究資料館　　青木　睦氏

（休憩）

現地視察　（2班編成、30分程度で交替）**（写真8）**

国立公文書館による水損文書の洗浄・乾燥作業

水損文書の自然乾燥と開冊・開頁作業

常総市役所　旧永年保存文書庫・有期限文書庫

その他

終了、解散

開催要項のとおり、この報告会でもボランティアの募集と同様に常総市民を参加対象に入れておらず、市民への広報は行わなかった。当日の参加者は全国から八〇人に及び、翌日の『茨城新聞』では「常総市役所水損行政文書等復原計画」の策定と併せて報告会開催が記事に取り上げられた。

二〇一六年一月四日、常総市役所は文書復旧指導員という特別非常勤職を設けて、救出活動の当初から指導的役割を果たしてきた林貴史氏を雇用した。同時に学芸員資格を有する非常勤職員一名を雇用し、これ以降はこの二人とシルバー人材センターの雇用者が文書修復活動の中心となった。常総市側の体制充実と入れ替わるように、これ以降は二〇一五年末まで常総市の活動に携わってきた各外部機関からの参加が減っていった。

一月一八日、前述のフロー図等で計画されていた「常総市被災行政文書等保全連絡会議」第一回が開催された。参加したのは、国立文化財機構、国文学研究資料館、茨城県立歴史館、茨城史料ネット、常総市役所・常総市教育委員会・常総市立図書館である。ここでは行政文書のみならず、茨城史料ネットが携わってきた歴史資料（古文書）の保全・修復活動についても話題に取り上げられた。また、市立図書館における蔵書被害と復旧状況についても報告された。

二月一六日、常総市総務課が「常総市　文書復旧ニュース」第一号を刊行した。A４判一頁の簡単な作りだが、常総市自身が行った水損行政文書修復活動に関する最初の広報活動と言って良い。また二月二七日には、兵庫県西宮市で開催された全史料協近畿部会第一三一回例会「被災資料の救済を考える――被災自治体の立場から」において、倉持氏が常総市の事例報告を行った。被災から六か月が経ち、被災からの復興と共に市による修復作業が軌道に乗って、これまでの活動を振り返ることができるようになった時期と言えよう。

五　まとめ

以上、二〇一五年関東・東北豪雨水害の際の茨城県常総市における茨城史料ネットの活動実践の全体像を述べてきた。この活動は、茨城史料ネットが災害発生当初から茨城県文化課および茨城県立歴史館と連携して準備を進め、現地の常総市教育委員会および常総市総務課と意思疎通を図り、外部の専門機関および専門家へ向けてボランティアを呼びかけ、現地の救出活動に従事したものである。一連のフローは高橋氏の言うとおり、東日本大震災の際に構築された連携関係の蓄積と評価して良いだろう。

この活動実践に対しては、かつて一つの成果と二つの反省を述べたことがある。(16) それを踏まえ、ここでは二つの成果と三つの課題を指摘したい。

成果の第一は、被災の初期段階において茨城史料ネットが果たした役割である。高橋氏や筆者が最初に現場へ赴いた九月一四日の時点で、常総市はまだ行方不明者の捜索を行っていた。常総市役所の最寄り駅である水海道駅に向けて列車が運転再開したのは資料被害確認調査の二日目である九月一九日、自衛隊がの救助活動を終えて撤収したのは翌九月二〇日だった。この時期の地元自治体は、インフラの復旧と被災した市民の救援で手一杯である。その段階で県の機関と連携して初動態勢を整備できたことは、その後の救出活動の円滑化に寄与したと言える。

成果の第二は、少なくとも茨城県および市町村の間で、被災自治体が外部組織の支援を求める文書手続の方式を確立できたことである。前述のとおり、行政文書の救出にあたっては常総市長から茨城県教育委員会教育長宛てに救出作業の段階に応じた二回の依頼文が出され、それを受けて茨城県教育委員会教育長から各外部組織宛てに救助活動および技術的指導についての依頼文が送られた。この方式は、歴史資料（古文書）に対する活動で、下妻市ふるさと博物館の水損資料救出にあたっても採用されている。すなわち、下妻市長から茨城県教育委員会教育長宛てに平成二七年一二月三日付「水損した歴史資料の保全・復原に関する指導・協力について」**（資料5）**が出され、それを受けて茨城県教育委員会教育長から茨城史料ネット**（資料6）**および茨城大学宛てに平成二七年一二月一〇日付「水損した歴史資料の保全・復原に関する指導・協力について（依頼）」が送られた。今後、茨城県内で災害が発生して外部機関の支援が必要になっても、この文書手続の方式を採用することで、自治体に対する茨城史料ネットをはじめ、外部機関の協力が以前よりも円滑に進むことが期待される。

その一方で、課題の第一は大学に拠点を置く史料ネット組織の限界である。行政文書の救出が本格化した一〇月上旬以降、すなわち大学の秋学期授業が始まって以降は、茨城史料ネットのメンバーが活動に参加する頻度や人数は減っていき、この点で批判を受けることがあった。逆に言えば、九月中に先述の円滑な初動態勢が組めた背景には、災害の発生時が大学の夏期休暇期間中だったという点を外すことができない。このことは大学教員や学生・大学院生が主に参加する各地の史料ネット団体が大なり小なり抱える問題も知れない。

課題の第二は、個人ベースで運営される史料ネット組織の弱点である。二〇一六年（平成二八）二月か

資料５（茨城史料ネット提供）

写

生　学　第　１０２　号
平成２７年１２月　３日

茨城県教育委員会
教育長　小野寺　俊　殿

下妻市長　稲葉　本治

水損した歴史資料の保全・復元に関する指導・協力について

下妻市では、河川氾濫にともない水損した下妻市ふるさと博物館に収蔵される歴史資料について、保全・復元に取り組みたいと考えていますが、それを実施するための手段や機器等の条件を持ちません。つきましては専門的見地からの指導・協力、研究機関などへの支援要請を依頼いたしたく、下記の通り、特段のご配慮をお願い申し上げます。

記

１、期間　平成２７年（２０１５）１２月10日より同２９年３月３１日まで

２、対象　下妻市ふるさと博物館が所蔵する歴史資料

以上

【担当】
下妻市教育委員会生涯学習課
文化係長 [redacted]
電話番号 0296(45)8996
メールアドレス
[redacted]

資料６（茨城史料ネット提供）

文　　第2425号
平成27年12月10日

茨城文化財・歴史資料救済・保全ネットワーク代表　殿

茨城県教育委員会教育長

水損した歴史資料の保全・復元に係る指導・協力について（依頼）

このことについて，別添写しのとおり平成27年12月３日付け生学第102号で下妻市長から要請がありました。

つきましては，下記のとおり貴機関の御協力・御支援について御高配くださるようお願いいたします。

なお，旅費につきましては，貴機関において御負担願います。

記

1　日時　平成27年12月10日から平成29年３月31日までの間

2　対象　下妻市ふるさと博物館が所蔵する歴史資料

問い合わせ先
〒310-8588　茨城県水戸市笠原町978番6
茨城県教育庁総務企画部文化課 [redacted]
TEL:029-301-5449／FAX:029-301-5469
E-mail:[redacted]

らの数か月間は、行政文書の復旧作業ボランティアを呼びかけるメールニュースの配信が著しく遅れた。これは担当者（筆者）が救出活動による過労で体調不良だったことが要因である。各地の史料ネット団体は、おそらくどこも限られた人数の役割分担で運営していると思われる。そこで一つの活動が長期に及ぶ場合、人的なアクシデントが全体に影響を及ぼすおそれがある点に留意が必要だろう。

課題の第三は、災害資料の保全に全く従事できなかった点である。第六章で述べたとおり、茨城史料ネットは福島県双葉町で震災資料の保全活動に従事している。しかし、常総市では手をつけることが全くできなかった。その理由の一つは課題の第二で述べた人的限界がある。だが、それ以上に大きな理由は、救出活動が開始された九月三〇日時点で、常総市が設置した避難所の閉鎖をはじめ、市役所の復旧が進んでいたことである。

実際の活動を振り返れば、深刻な被害を受けた資料を無水アルコールに浸したあとに冷凍・冷蔵した際、閉鎖した避難所から急遽移動させた三台の冷蔵庫を保管場所としていた。また、新潟中越地震の際の新潟県長岡市、熊本地震の際の熊本市などでは、地域住民等の避難所に指定された図書館が災害資料のアーカイブに従事している。しかし、常総市の場合は市立図書館自体が浸水で大きな被害を受けて、自館の復旧に全力を挙げていた。もし当時の関係資料が残っていれば、今からでも常総市役所の手で収集・保全されることを期待したい。

最後に、二〇一六年三月以降の常総市における行政文書復元の進捗を簡単に紹介しておこう。永年保存文書庫と同様に浸水していた有期限文書庫について、市は三月に文書庫を修復した。常総市は有期限文書の評価選別を実施していないので、文書は救出対象とせず、水損した文書は保存期間満了時に粛々と廃棄されていった。

大型連休の二〇一六年五月二日から七日まで、常総市総務課は初めて市民に対して文書の復旧作業を一般公開した。また六月六日から一七日まで、市役所議会棟一階においてパネル展「公文書復旧活動のあゆみ」を開催すると共に作業現場の見学会も実施した。被災から八か月以上経過し、ようやく常総市民に対する広報が実現できたのである。そしてこの頃から市外からの視察見学受け入れが本格化していった。なお「常総市　文書復旧ニュース」は、その後二〇一六年一一月までに七号発刊された[17]。ここでは二〇一六年中の活動状況が広報されている。

現在、常総市の水損行政文書に対する復元活動は最終段階を迎えている。常総市長は二月一五日付「水損公文書の復元作業につきまして」（ハガキ）を関係者に送付し、約三年半に及ぶ復元作業を経て全文書が閲覧可能になったこと、これにより作業を三月末日で休止する旨を通知した。これまでの活動を研究対象とした卒業論文も執筆されるようになった[18]。残るは、前述の「常総市役所水損行政文書等復原計画」で方向が定められたとおり、歴史資料（古文書）を含め復元作業が終了した水損文書の保管場所が再建されること、これらの歴史的公文書等としての保存利用態勢が整備されることである。

注

（1）高橋修「関東・東北豪雨災害　資料レスキュー私記」。茨城史料ネットホームページ「活動記録」のうち「レスキュー資料の整理活動」に掲載。以下、資料救出活動開始までの高橋氏の動向はこの文献を主に参照。
http://ibarakishiryou.web.fc2.com/info/jousou_i_siryou.html#new
（2）添田仁「史料レスキューグループ（報告）」（『茨城大学平成27年関東・東北豪雨調査団成果報告書』、二〇一六年）。

http://www.icas.ibaraki.ac.jp/wp-content/uploads/2016/05/茨城大学平成27年関東・東北豪雨調査団　成果報告書.pdf

添田仁「関東・東北豪雨の筋村文書に刻まれた治水の景観」（『利根川文化研究』四〇号、二〇一六年）。

添田仁「関東・東北豪雨水害　水損した文化遺産の救出と保全」（『第二回全国史料ネット研究交流集会報告書』、二〇一六年）。

（3）永井博「常総市公文書レスキュー緊急報告」（『記録と史料』二六号、二〇一六年）。

（4）倉持敏「関東・東北豪雨による水損文書の復旧活動」（『記録と史料』二七号、二〇一七年）。

（5）横内美穂「資料（文化財）レスキューボランティアに参加して感じたこと・考えていること」（『記録と史料』二七号、二〇一七年）。

（6）白井哲哉「関東・東北豪雨水害　水損した常総市役所行政文書の救出、保全、復旧活動」（『第二回全国史料ネット研究交流集会報告書』、二〇一六年）。

（7）以下、内閣府ホームページの「災害対応資料集」に掲げられた「２０１５年（平成27年）関東・東北豪雨による災害」を参照。

http://www.bousai.go.jp/kaigirep/houkokusho/hukkousesaku/saigaitaiou/output_html_1/pdf/201503.pdf

（8）九月一八日に同図書館を訪問した際、当時の館長さんのお話では、被災直後は国立国会図書館をはじめ、全国の図書館から被災見舞い等のメールが届いたが、停電で館のＰＣが使えず外部と連絡がつかなかったとのことである。なお同図書館のホームページには、「平成27年9月関東・東北豪雨水害の記録」として被災から復旧、仮設図書館の設置から本館再開までの経緯が公表されている。

http://www.josolib.jp/about/279.html

（9）前掲注（1）を参照のこと。

（10）以下の記述は、前掲注（1）および（2）の文献を適宜参照している。

（11）『全国市町村史刊行総覧』（名著出版、一九八九年）を参照。

（12）かつて旧石下町は石下町歴史民俗資料館（一九七八年開館）を有し、町域の主要な古文書群を多数管理していた。町内の歴史資料所在情報も集まっていたと思われる。その後、同資料館は移転して民俗資料館と改称した（現、常総市民俗資料館）。なお、旧石下町域にある常総市地域交流センター（豊田城）には歴史資料の展示室が設置されて、市民からの資料提供も受け付けているとのことだが、指定管理者による運営である。

（13）前掲注（3）を参照。

（14）以下、常総市の旧町村役場文書については「水海道市旧町村役場文書の整理と保存の経緯（概略）」『緊急支援報告会！常総市水損行政文書の救助と復旧』配付資料による。
（15）これらの文書事務の流れを決めるにあたって、茨城県文化課の金澤課長補佐（当時）から助言を得たことを明記しておく。
（16）前掲注（6）を参照のこと。
（17）具体的には、三月三一日（第二号）、五月一二日（第三号）、六月三日（第四号）、八月九日（第五号）、九月一二日（第六号）、一一月七日（第七号）。全バックナンバーは、全史料協ホームページのうち「常総市水損行政文書レスキュー活動」のページに掲載されている（二〇一九年一月一五日現在）。
（18）新保夢子「水損公文書修復活動における経済的分析――茨城県常総市の例から」（筑波大学情報学群知識情報・図書館学類二〇一八年度卒業研究論文、二〇一八年一二月提出）。

写真１　被災当時の行政文書保管場所

写真２　文書配架位置の記録

写真３　被災した行政文書と配架位置記録紙

写真４　搬入された行政文書

写真５　旧町村役場文書の配架状況

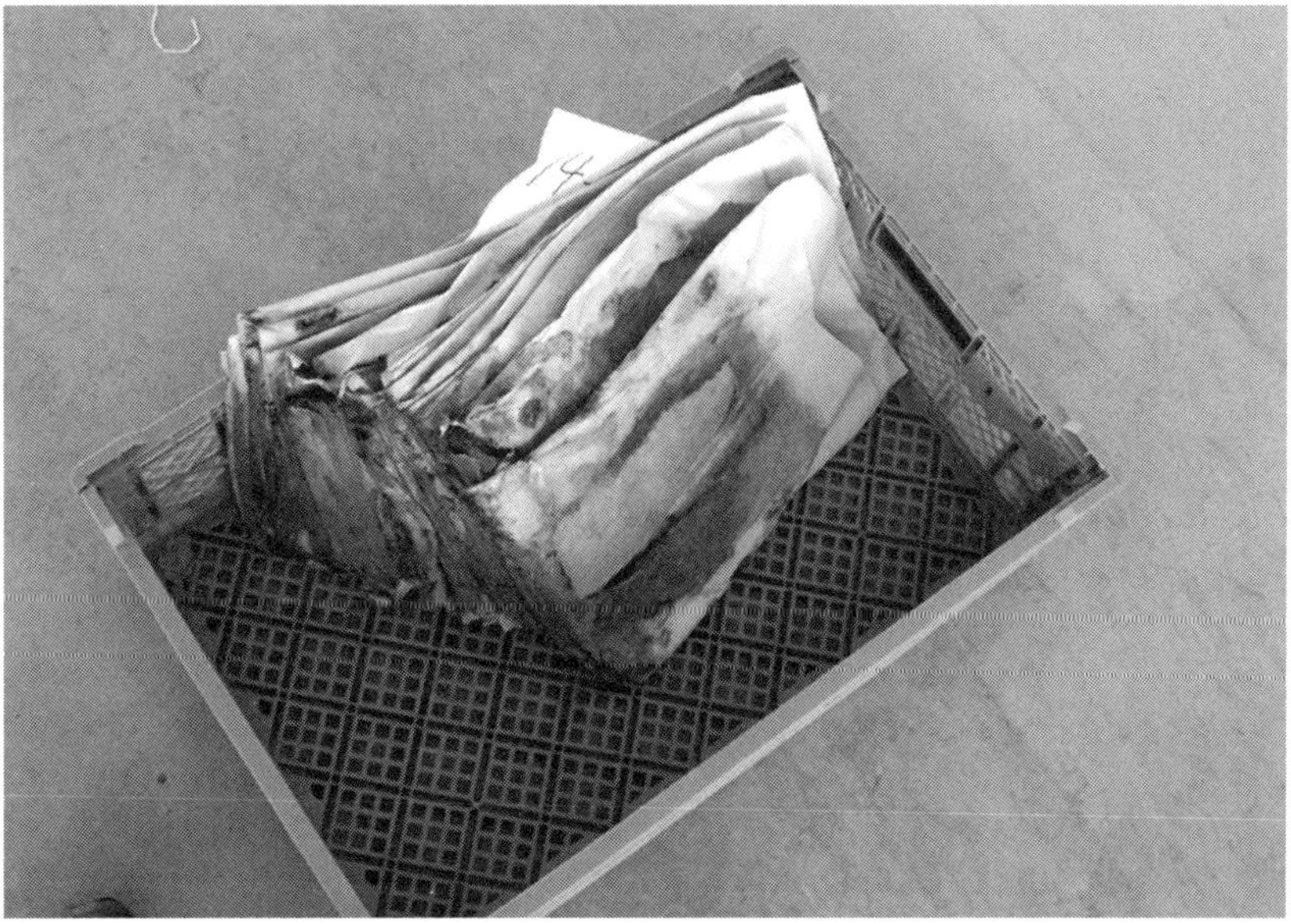

写真６　被災した旧町村役場文書

写真７　緊急支援報告会

写真８　緊急支援報告会現地視察の様子

第二部　災害アーカイブから考える

第八章　福島の被災から学ぶ歴史資料の保存と地方史研究
――地域史研究講習会「災害と向き合い歴史に学ぶ」参加記

一　講習会に参加して

二〇一一年（平成二三）一一月一二日（土）一〇時から一五時まで、福島県文化センターにおいて、平成二三年度地域史研究講習会「災害と向き合い歴史に学ぶ」が開催された。主催は財団法人福島県文化振興財団、共催はふくしま歴史資料保存ネットワークと福島県歴史資料館友の会、後援は福島県史学会である。茨城県内で地震に遭遇し、茨城史料ネットの活動に参加する立場から、本章は講習会の紹介と学んだところを述べていく。

講習会を主催する同財団は、前身組織（財団法人福島県文化センター）から二〇〇一年（平成一三）に改組され、現在は福島県文化センター（福島県文化会館・福島県歴史資料館）および福島県文化財センター白河館「まほろん」の管理運営と、県内の埋蔵文化財の発掘調査に携わっている。また、二〇一〇年（平成二二）一一月に結成されたふくしま歴史資料保存ネットワーク（ふくしま史料ネット）の呼びかけ人であり、現在は福島県歴史資料館が同ネットの問い合わせ窓口になっている。この地域史研究講習会は、地方史・地域史研究と歴史資料保存の啓発を目的として、福島県文化センターを会場に長年開催されてきた。今回は「東日本大震災による歴史資料の散逸防止について関心を高める」の趣旨を含み、次の三報告をそろえた。

報告Ⅰ「戊辰戦争期の陣地跡と史料」（財団法人福島県文化振興事業団 歴史資料課 小暮伸之氏）

報告Ⅱ「東日本大震災からの史料保全活動」（ふくしま歴史資料保存ネットワーク 阿部浩一氏）

報告Ⅲ「過去の歴史地震・火山災害に学ぶ――九世紀の陸奥国と出羽国」（東北歴史博物館上席主任研究員 柳澤和明氏）

この講習会が開催された当時、会場の建物は震災被害の補修が本格的に始まる前で、会場となった二階の会議室も壁にヒビが入り、窓ガラス部分は破損してすべてベニヤ板で覆われ、空調設備が使えないので石油ストーブが置かれた。だが参加者は県内外から一〇〇名超が集まった。

報告Ⅰ「戊辰戦争期の陣地跡と史料」は、県内で発掘調査が進む戊辰戦争期の陣地遺構の紹介と、その築造主体や時期を古文書に探る内容だった。二〇一三年（平成二五）NHK大河ドラマで福島の戊辰戦争が取り上げられることも考慮したという。まず県域における戊辰戦争の推移および戦闘の特徴を銃砲使用のあり方からまとめ、当時は短期決戦のため砲台・塹壕など簡易な陣地の築造が行われたと指摘した。次に中通り地方を中心に陣地遺構を紹介し、多くは既存の城館址を再利用して仙台藩が築造、その後新政府軍も築造したが、遺構の保存状態が悪く発掘調査のみで検証する困難さを指摘した。そして福島県歴史資料館収蔵史料から陣地遺構の検証を行い、村絵図、農兵募集の触や連印帳、「築城人足御手当米渡方留帳」「御台場潰地御年貢取調書上帳」などの古文書から陣地築造の具体相を描いていった。福島の戊辰戦争イメージを具体化してくれるたいへん興味深い報告で、併せてぜひ県内他地域の状況を知りたいと思った。

報告Ⅱ「東日本大震災からの史料保全活動」は、設立一年を迎えたふくしま史料ネットが現在進めている歴史資料保全活動の現状および課題の紹介である。まず同ネットの設立経緯につき、二〇〇六年（平成一八）設立の先行組織「ふくしま文化遺産保存ネットワーク」を改組して市民参加型ボランティア組織の構築を目指したが、新たな活動が本格化する前に東日本大震災を迎えてしまった。二〇一一年三月一一日に文化庁は文化財レスキュー事業の実施を発表したが、受け皿となるべき県教育庁文化財課が震災対応で十分動けないこともあり、四月から活動を開始したという。そして須賀川《すかがわ》市、国見《くにみ》町、飯舘《いいたて》村、いわき市の史料救出、福島県立博物館における史料クリーニングを中心に、これまでの活動を紹介した。救出の対象は、相手側からの緊急要請および地元の受け入れ・協力体制が整うことが条件とのこと。今後の課題として、救出を行った地域の偏在があるので、今後は情報提供の呼びかけ（受動的）から現況調査（能動的）へ段階を進める必要を述べた。また二〇キロメートル圏警戒区域内の史料保全など多くの課題を指摘した。これらはあとで紹介したい。

報告Ⅲ「過去の歴史地震・火山災害に学ぶ」は、震災直後に一躍注目を集めた八六九年（貞観一一）貞観地震と津波に関する、陸奥国府多賀城跡等の発掘調査成果に基づく広い視野からの報告だった。冒頭で、巨大地震襲来と原発事故へ警鐘を鳴らしていた石橋克彦氏の言葉「大地動乱の時代」を現状理解のキーワードに挙げ、一九二三年（大正一二）関東大震災以降沈静化していた地殻が一九九五年（平成七）の阪神・淡路大震災以降変動を始めたこと、貞観地震の起きた九世紀も同じ状況が見られることを指摘した。次に、六国史その他古代史料から九世紀の地震と火山噴火の記録を抽出して示し、貞観地震と津波の具体相を『日本三大実録』および仙台平野の古代遺跡分布から解説した。九世紀の仙台平野の海岸線は現在より約一キロメートル内陸にあり、貞観津波は現在の海岸線より四～五キロメートル内陸まで到達した。その範囲で当時の大規模遺跡は多賀城以外にあまりなく、したがって『日本三大実録』が描く津波被害の地は多賀城周辺と考えられるという。

続いて、多賀城跡と周辺における発掘調査の最新成果と『日本三大実録』の記述を比較しつつ、陸奥国府多賀城・多賀城廃寺・陸奥国分寺・同国分尼寺の復興過程を論じた。通説では多賀城廃寺の遺構を八世紀の造営以降五期に区分して理解するが、報告では四期で理解した。ポイントは、第一次改修の遺構を貞観地震からの復興によると評価した点にある。報告は最後で、政府が東日本大震災を契機に災害対策の基本理念を「防災」（災害を防ぐ）から「減災」（災害は不可避なので起きた際の被害を小さくする）へ変えたこと、その実現には過去の巨大地震や津波の解明が重要であることを述べた。なお報告内容の一部詳細は、NPOゲートシティ多賀城のホームページ上に論文「貞観地震・津波からの陸奥国府多賀城の復興(※)」として公開されているので、ぜひご覧いただきたい。

どの報告も内容豊富で予定の時間を大幅に超え、質疑応答の時間はなくなってしまった。しかしたいへん充実した講習会の内容から、参加者各位は多くの歴史知識と共に、現状への理解や、震災復興における歴史資料の保存と地方史・地域史研究の意義を実感されたのではないか。かく言う私がそうであった。

二　福島での活動に学ぶ

福島県では地震と津波の甚大な被害に加え、東京電力福島第一原子力発電所の爆発事故による放射性物質の飛散と、それに伴う関係自治体住民の大量避難が起き、復旧の見通しが今も不明な状態にある。その中で県内の地方史・地域史関係学協会および関係機関が、再開後の活動で震災関連のテーマを取り上げている。全県規模で、ふくしま史料ネットなどのホームページ等から確認できたのは次のとおりである。

二〇一一年

八月七日　福島県民俗学会　講演会「地震と民俗」
八月七日　福島県史学会　研究報告会「東日本大震災と歴史資料——福島県の被災状況と史料保護活動について」
一一月一二日　福島県文化振興事業団　地域史研究講習会「災害と向き合い歴史に学ぶ」
一一月一九日　福島県立博物館「会津慶長地震シンポジウム」
一一月二三日　福島大学史学会　大会特別企画「東日本大震災後の歴史資料保全活動——宮城・福島・茨城の現場から」
一二月三日〜四日　福島県考古学会　大会講演「古代東北の地震災害」、大会報告「東日本大震災と文化財」

このほか市町村規模で管見に入った情報では、国見町郷土史研究会が二〇一一年七月三〇日に活動を再開する一方、町内の被災史料の救出活動に参加している。また、いわき地域学會が震災から半年を経過した同年九月一〇日に活動再開を宣言、震災被害の記録作成や避難所生活体験に関する市民講座開催に取り組み始めたという。被災の影響を抱えているだろう関係者の方々の、震災に向き合う精力的な活動に心から敬意を表する。遠方の地からか細い応援の声を送ると共に、協力できることはないかと強く思う。

講習会に参加した私は、福島でこれらの活動に取り組む方々の行動力の源を次の四点に感じた。㋐故郷や終の棲家のある土地の今後に対する危機感、㋑その地を再生させたいという願い、㋒その地の歴史知識や過去の記憶・記録の継承が再生の基盤であるという理解、㋓だが今それらが正に消滅の危機にある現実への認識。「地域の復興なくして、地域の歴史資料の保存はない」という言葉を伺った。地方史・地域史研究に携わる者として深く心に刻みたい。

報告Ⅱで阿部浩一氏は、ふくしま史料ネット活動の課題として前掲したほかに①中心的担い手の確保、②市民の理解と広範な参加、③行政との連携・協力関係のあり方、④考古資料・民俗資料等の保全活動との連携・協力関係の構築、⑤県外の専門機関・関係機関との協力関係のあり方、を挙げた。①〜④は、今後地域の歴史資料を保存していく主体は誰かという問題に関わる。この点、各地で展開する史料ネット活動では、災害復旧を優先する行政機関を後方支援として、地域の国公立大学を拠点に、専門知識を持つ者と一般の市民ボランティアによる共同作業が進んでいることを再認識した。

その一方で⑤の課題は重い。これは資料救出に必要な専門知識の提供等にとどまらない。史料の現地保存や保存に携わる市民の居住を現状で許さない警戒区域の存在と、その地における史料の保存問題を含んでいる。「大地動乱の時代」、これを例外中の例外事例と言えるだろうか。二〇世紀後半の史料保存運動の到達点である史料の現地保存主義に、いま大きな課題が提示されている。阿部氏の報告を聞き、私は改めてそう受け止めた。

新年を迎えて〝あの日〟から一年が過ぎると、震災も遠い話になるのだろうか。しかし何一つ終わっていない。地方史・地域史研究の出番はむしろこれから来るのではないか。帰り道にそんなことを考えた、私にとって学ぶところの大きい講習会だった。

※ＮＰＯゲートシティ多賀城ホームページ「貞観地震・津波からの陸奥国府多賀城の復興」（柳澤和明）
http://gatetagajyo.web.fc2.com/pdf/tagajyo_jyougantunami.pdf　（二〇一九年二月一七日閲覧）

第九章　原子力災害被災地における地域資料保全の現状と課題
――福島県双葉町の事例から

一　課題設定

本章で取り上げる地域資料とは、図書館法が規定する郷土資料と地域行政資料を中心として、民間で出版された最新の書籍や逐次刊行物までを含んでいる。

周知のとおり「地域資料」の概念は一九六〇年代の図書館界で提唱され、[1]のちに三多摩郷土資料研究会の活動[2]などを通じて一九八〇年代までに定着していった。文書館関係者も一九八〇年代に「地域史料」という考え方を提唱している。[3]博物館界では「兎に角郷土史料と館外の土地との関係連絡を明らかにすること」という指摘が、早くも一九五〇年代に棚橋源太郎氏によって指摘されている。[4]ここで言う「郷土史料」は、その博物館が立地する地域＝「郷土」の歴史的資料を指すと理解できる。後に伊藤寿朗氏が提唱した地域博物館論において、その収集資料は「資料と地域の人間生活との関係の規定性、媒介性を軸とし、そこに価値を見いだす」ものと論じられた。[5]この考え方には「郷土史料」という資料の理解を地域の立場からとらえ返したとの評価も可能だろう。これらを踏まえ、以下では図書館・博物館・文書館（LMA）が扱う地域に関する諸資料群を広く含む概念として、地域資料を理解する。

本章の目的は、東日本大震災で発生した原子力災害の被災地における地域資料の保全について、その現状と課題を提示することにある。ここで言う資料の保全とは、大災害の被災地などから資料を移動させて滅失の危険を回避し、必要に応じ修復措置を施して、その後の保存利用態勢を構築するための端緒となす行為を指している。

東日本大震災発生から五年が経とうとする現在、被災地におけるLMAの復興状況には地域ごとに大きな格差が顕在化している。特に、東京電力福島第一原子力発電所事故によって全住民が避難を余儀なくされている福島県浜通り地域は、今も広範に帰還困難区域（高線量のため国が原則立入禁止とした地域）が設定されており、施設の復興へ着手する段階には至っていない。そのため各自治体は避難先から現地の、あるいは避難先における資料保全の活動を行っている。だが、その努力が一般に知られる機会は極めて少ない。

原子力災害被災自治体の図書館に関わる状況が広く知られた機会として、二〇一二年（平成二四）一一月一〇日に福島県立図書館で開催された「福島県の図書館を考えるシンポジウム」は最も早い時期の取り組みだろう。当日の報告内容の一部は『図書館雑誌』[6]と『図書館評論』[7]に掲載され、その後もインタビュー記事や現地調査報告が発表されている。[8]

博物館・文書館関係では、二〇一一年（平成二三）七月三〇日に国立歴史民俗博物館で開催された特別集会「被災地の博物館に聞く」における本間宏氏の報告が最も早い。[9]浜通り地域を中心に福島県内各地の被災状況が初めて明らかになったのは、二〇一三年（平成二五）二月三日に福島県文化センターで開催されたシンポジウム「ふくしま再生と歴史・文化遺産」[10]で、その後も関連報告が出されている。[11]

この間、筆者が所属する筑波大学図書館情報メディア系は、第四章や第六章で述べたとおり、福島県双葉町教育委員会と震災関係資料の保全および調査研究に関する覚書を締結して、双葉町で作成・収受された東日本大震災関係資料の保全と調査研究事業を進めてきた。また二〇一三年八月以降、双葉町歴史民俗資料館の収蔵資料を旧警戒区域外へ搬出する作業に参加すると共に、その後も双葉町域の被災資料や震災関係資料の調査、救出・保全、調査研究に従事している。

以下では、筆者がこれらの活動の過程で接してきた、双葉町の図書館や歴史民俗資料館所蔵の地域資料の現状につき、町役場および町民の避難経緯を踏まえて紹介する。また、最近取り組みが始まった民間所在の歴史資料の保全活動を紹介し、今後の課題を考える。

二　双葉町の避難

東日本大震災に伴う双葉町の避難経緯について、ここで概略を述べておこう。

福島県双葉郡双葉町は福島県東部の鹿島灘に面し、いわゆる浜通り地方の中央部に位置する。町の面積は五一・四二平方キロメートル。町の人口は二〇一一年三月一一日現在で六八三〇人だった。双葉町のホームページでは、「JR常磐線と国道6号線が平行しながら町の中心部を南北に縦断し、南は大熊町、北は浪江町に接しています。また、国道288号線で、県の中央部である郡山市と結ばれています。比較的温暖な気候が特徴で、東北地方にありながら冬は積雪が少なく、とても住みやすい自然環境」と書かれる。

二〇一一年（平成二三）三月一一日（金）一四時四六分、東北地方太平洋沖地震が発生。双葉町も大きな

地震に見舞われ、その約五〇分後には津波が町の沿岸部を襲った。津波は双葉町および大熊町の沿岸部に建設されていた東京電力福島第一原子力発電所（以下、1Fと略）にも及んで事故を引き起こし、政府は一九時三分に「原子力緊急事態宣言」を出した。この日の夕方、町は双葉中学校、双葉北小学校、ヘルスケアふたば等に避難所を設置し、少なくとも計二五〇〇人以上の町民の方々が集まって一夜を過ごした。夜の内に避難所を離れた町民もいた。

翌一二日（土）五時四四分、政府は1Fの半径一〇キロメートル内の住民に避難指示を出し、町は八時に福島県伊達郡川俣町への避難指示を広報した。約二二〇〇人の町民と役場職員の方々は、川俣小学校ほか計一一か所の避難所へ出発した。しかし避難先への到着には五～六時間かかったと言われる。1Fの1号機原子炉建屋が爆発したのは同日の一五時三六分である。

三月一九日（土）、町は川俣町から埼玉県へ再び避難した。この間、一四日（月）に1Fの4号機、翌一五日（火）に1Fの3号機原子炉建屋が爆発している。約一二〇〇人の町民と役場職員が向かった先は、さいたま市中央区にあるさいたまスーパーアリーナだった。ここで一〇日余りの避難生活を過ごした後、三月三〇日（水）・三一日（木）の二日間をかけて、加須市にある旧埼玉県立騎西高校（二〇〇八年廃校）の旧校舎へ三度目の避難が行われた。なお避難者の受け入れに先立ち、埼玉県ではボランティアを募り旧校舎の清掃を行ったという。

四月一日（金）、町は旧騎西高校校舎内に町役場埼玉支所と旧騎西高校避難所を設置、その後の二年三か月に及ぶ双葉町の拠点となり、最大で約一四〇〇人が生活した。なお同日、町は福島県耶麻郡猪苗代町内に「猪苗代連絡所」を設置し、同月四日（月）に避難所を開設した（九月三〇日避難所閉鎖）。

四月二一日（木）、政府は双葉町全域を含む1Fの半径二〇キロメートル圏内を「警戒区域」に設定して、住民等の立ち入りを厳しく制限した。町ではその後、一〇月二八日（金）郡山市内に福島支所（のち郡山支所と改称）、一二月一九日（月）茨城県つくば市内につくば連絡所を設置した。

二〇一二年（平成二四）一〇月一五日（月）、町は役場機能を埼玉県から福島県いわき市内へ移転すると発表した。新しい事務所庁舎は翌二〇一三年（平成二五）二月二五日（月）着工、六月一〇日（月）までに完成、移転は六月一二日（水）～一四日（金）に行われ、同月一七日（月）双葉町いわき事務所が開所した。埼玉支所は残ったが、一〇月一日（火）に加須市役所の騎西総合支所内へ移った。旧騎西高校避難所は一二月二七日（金）に閉鎖された。

その後、二〇一四年八月には、いわき市内に双葉町立学校（ふたば幼稚園、双葉南小学校、双葉北小学校、双葉中学校）の仮校舎が完成している。

三　地域資料の保全

双葉町で地域資料を収蔵してきた公共施設は、双葉町図書館（一九八三年〈昭和五八〉開館）と双葉町歴史民俗資料館（一九九一年〈平成三〉開館）である。二〇一一年（平成二三）三月一一日夕方、双葉町役場は福島第一原子力発電所における緊急事態発生を受けて双葉町役場庁舎、双葉中学校、双葉北小学校、各地区のコミュニティセンターなど十数か所に避難所を設置し、少なくとも計二五〇〇人以上の町民が避難所に集まって一夜を過ごした。この時、図書館と歴史民俗資料館には避難所が設置されなかった。

大震災の当日、双葉町図書館は特別整理のため休館で利用者はいなかったという。[12]地震により開架図書の大半が落下したが、建物自体に大きな損壊等は見られなかった。職員は直ちに災害支援業務に携わり、翌朝には町外へ出発したため館内の復旧作業には着手できなかった。避難後の図書館活動について、前述のさいたまスーパーアリーナ避難所では、さいたま市立北浦和図書館の協力を得て図書館活動が展開されたという。[13]また旧騎西高校避難所では図書館活動が展開され、施設内の図書コーナーに各地からの寄贈本が並べられた。その後の双葉町図書館は、二〇一五年（平成二七）三月に町教育委員会からの要請を受けて東京電力社員が書架の復帰および館内の清掃を実施した。[14]双葉町図書館は郷土関係者の手稿など貴重資料を含む地域資料を収蔵しており、資料の一部は展示ケースに収められていたが、現在は安全な場所に保管されている。

双葉町歴史民俗資料館も地震直後には前庭に地割れが見られたものの、建物自体に大きな損壊等は見られなかったという。[15]その後は文化庁の主導により、館蔵資料を旧警戒区域外へ搬出する救出活動が、二〇一二年九月から二〇一四年一月まで実施された。この結果、大半の収蔵品は旧相馬女子高校校舎の仮保管所へ搬出され、さらに福島県文化財センター白河館「まほろん」へ移送されて、現在も保管と整理作業が進められている。しかし第四章で詳述したとおり、それ以前から学芸員による独自の資料救出作業は行われていた。その際の主な対象資料は銃砲刀剣資料と剝製資料だったという。

現在の双葉町域は、帰還困難区域が九六％、避難解除準備区域（住民が帰還するための環境整備を国が進める区域）が四％を占めている。双葉町役場は、二〇一三年六月に『双葉町復興町づくり計画（第一次）』を策定、二〇一四年三月にはそれに基づく実施計画を発表した。そこでは被災した文化財の保護と継承が明記されているほか、「仮の町」における資料展示施設の計画も提示されていた。これらの計画に基づく貴重な資料の保全と活用は、故郷から引き離された町民の心の拠り所として大きな意味を持つものであり、今後の課題である。

四 民間所在の地域資料保全活動

以上は、図書館と歴史民俗資料館が収蔵する地域資料の現状である。だが、双葉町域には旧家が伝えてきた貴重な文化財や地域資料が豊富に存在し、その多くが今も現在の帰還困難区域内に残されたままとなっている。また、町北東端の避難解除準備区域では復興祈念公園の整備事業が二〇一五年（平成二七）度から始まり、二〇一六年（平成二八）度には区域内に残る被災家屋の撤去も着手される可能性がある。家屋内には現在も貴重な資料が収蔵されていると思われ、早急な対応が求められている。

また、古文書等を代々収蔵してきた町内の旧家からも、避難先へ持ち出すことができない資料の保全を要望する声が挙がってきた。すでに持ち出された資料には、筆者も参加する茨城文化財・歴史資料救済・保全ネットワーク（茨城史料ネット）が整理に携わったものもある。そこで二〇一四年（平成二六）度、町教育委員会は筑波大学と連携し、要望のあった町民の立ち会いの下に、帰還困難区域内にある家屋の中から資料を保全・搬出する活動を開始した。

保全する資料が帯びている放射線量の上限は一三〇〇ｃｐｍである。[16] 数値の根拠は、避難した町民が一時帰宅の際に区域外へ持ち出す私物について、放射線量の基準値が一万三〇〇〇ｃｐｍだったことに基づき、その十分の一と低く定めた。実際は、町教育委員会では六五〇ｃｐｍ以上の資料を搬出しなかった。歴史民俗資料館内で収蔵されていた資料のほとんどは一〇〇〜三〇〇ｃｐｍの範囲にとどまった。帰還困難区域内における放射線量の測定値は、資料自体が帯びている線量のほか、空気中に存在する放射性物質の影響を受けているので、区域外へ搬出した資料の線量を再測定すると数値はさらに低くなった。

旧家が収蔵していた資料は、母屋や土蔵・石蔵の中に納められていた。放射性物質は原子炉建屋の爆発によって空気中に飛散したので、外気に直接接触しない屋内で保管されていれば、一般に高い線量は測定されない。これまで屋内から保全した資料の測定値は、歴史民俗資料館の収蔵庫内の資料と比較しておおむね大差なかった。もっとも、大地震から数年を経過するうちに劣化して倒壊する家屋が少なくない。その結果、外気に晒された資料の中には上限値を超えるものがあり、それらは保全を断念せざるを得なかった。

区域内で保全された民間資料は、現在は歴史民俗資料館で一時保管している。文化庁主導の救出活動で収蔵資料が区域外へ搬出されたあとの館内スペースを活用している。保全された資料には、二〇年以上前の双葉町史編さん事業で調査されたものがあるが、資料の目録は作成されていない。再調査と目録作成が今後の課題である。

五　展望

東日本大震災で被災した図書館の地域資料を救出する活動は、津波被害を受けた岩手県陸前高田市立図書館の事例がよく知られている。[17]特に岩手県指定有形文化財「吉田家文書」は、今回紹介した双葉町で救出した民間資料と基本的に同種の資料であり、福島県浜通り地域の資料にも同様の措置が行われることを切に希望している。

だが、その進展を阻んでいるのが、原子力災害に伴う放射性物質の存在である。ちなみに双葉町の帰還困難区域における作業は、自主的に参加を希望したおおむね四〇歳以上の専門家メンバー[18]で実施しており、大学の学生・院生等には呼びかけていない（参加させていない）。参加の有無はすべて個人の自主的判断に基づくことを申し添える。それでも高線量地域における資料い救出作業の実施については多くの異論もあるところだろう。

また、博物館・文書館関係者と図書館関係者の間には、資料の救出・保全に対する認識の違いも明らかになってきている。資料の保全とは、前者において将来への保存を想定した原資料の保全を重視する一方、後者において現在の利用者を想定した利用態勢の整備（デジタル化など）を重視するようである。この違いが、例えば前者では文化財救出活動の実施となり、後者では「放射性物質濃度は低いから良い、ということにはならない。図書館資料の利用にあたっての心理的安心感の保障が必要である」という発言[19]になるのだろうか。今後の利用のためのデジタル化も含め、今はまず原資料を保全しなければ資料自体が滅失する危機にあるという現実を、ここでは指摘しておきたい。

双葉町を含め、原子力災害被災地の自治体では徐々に復興への歩みが始まっている。その一環で、双葉町や富岡町では町民や町外のボランティアと連携して、救出・保全された地域資料の整理作業が始まりつつある。これらは地域復興と資料保全を連携させる新たな形の活動であり、改めて論じることとしたい。

注

（1）末永十四重「地方行政資料の収集と管理」（『昭和四〇年度全国公共図書館研究集会報告書』日本図書館協会公共図書館部会事務局編、一九六六年）。なお、星野英恵「公共図書館における文書資料と資料保存——震災を契機とした取り組みに着目して」（筑波大学情報学群知識情報・図書館学類二〇一三年卒業論文）を参照した。

（2）三多摩郷土資料研究会編『図書館員選書14　地域資料入門』（日本図書館協会、一九九九年）がその成果である。

（3）埼玉県地域資料保存活用連絡協議会編『地域史料の検索と活用』（一九九八年）を参照。ちなみに最初の提唱は、同協議会（当時は埼玉県市町村史編纂連絡協議会）編『地域文書館の設立に向けて』（一九八七年）である。

（4）棚橋源太郎『博物館教育』（創元社、一九五三年）。

（5）伊藤寿朗『市民の中の博物館』（吉川弘文館、一九九三年）。

（6）『図書館雑誌』一〇七巻三号（二〇一三年）は、特集「東日本大震災から2年」として当日の報告者である菅野佳子氏（富岡町役場）と北崎周子氏（双葉町役場）のコメントを掲載した。

（7）松岡要「『原発』と図書館」（『図書館評論』七六号、二〇一三年）。

（8）菅野佳子「東日本大震災、避難の道を振り返る」（『ず・ぼん』一八号、二〇一三年）、川島宏「大熊町図書館の調査報告」（『図書館雑誌』一〇七巻九号、二〇一三年）など。

（9）本間宏「東日本大震災と歴史資料保護活動」（国立歴史民俗博物館編『被災地の博物館に聞く——東日本大震災と歴史・文化資料』吉川弘文館、二〇一二年）。

（10）阿部浩一・福島大学うつくしまふくしま未来支援センター編『ふくしま再生と歴史・文化遺産』（山川出版社、二〇一三年）。

（11）吉野高光「東日本大震災の被災状況と文化財保全」（『地方史研究』六四巻四号、二〇一四年）、門馬健「旧警戒区域における民有地域資料の救出活動」（『被災地フォーラム宮城報告書　ふるさとの歴史と記憶をつなぐ』、二〇一五年）など。

（12）以下の記述は、北崎周子「東日本大震災・原子力災害への思い」（『図書館雑誌』一〇七巻三号、二〇一三年）を一部参照した。

（13）山田玲子「避難所の小さな図書館から」（『図書館雑誌』一〇六巻二号、二〇一二年）による。

（14）町教育委員会での聞き取りおよび東京電力ホームページ（二〇一五年一二月三〇日閲覧）による。http://www.tepco.co.jp/fukushima_hq/reconstruction/archive/2015/20150327_02-j.html

（15）以下の記述は、吉野高光「双葉町における文化財レスキューの現状と課題」（前掲注（10）『ふくしま再生と歴史・文化遺産』

所収）を一部参照した。
（16）以下の記述は、前掲注（15）および町教育委員会の吉野高光氏からの聞き取りに基づく。
（17）ここでは千錫烈「いわて高等教育コンソーシアム『被災地の図書修復及び整備についての研究チーム』の活動報告」（『図書館雑誌』一〇七巻三号、二〇一三年）、「東日本大震災で被災した古文書『吉田家文書』の修復が終了しました」（『国立国会図書館月報』六四四号、二〇一四年）を参照。
（18）作業の参加者は、茨城文化財・歴史資料救済・保全ネットワーク（茨城史料ネット）、ふくしま歴史資料保存ネットワーク（ふくしま資料ネット）、ＮＰＯ法人歴史資料継承機構、東北大学防災科学国際研究所等に所属する歴史資料の研究者を中心に構成されている。
（19）前掲注（7）を参照。

第一〇章　歴史資料の保存・活用における専門職とネットワークの意義

一　はじめに

私は神奈川に生まれて二四歳まで住み、ここから東京都内の大学に通った者です。その後、縁あって埼玉に移り、今は茨城に通勤するかたわら、福島の被災資料の保全、歴史的公文書の保全にも関わっております。今日は神史協（神奈川県歴史資料取扱機関連絡協議会）の皆様方に、福島で手がけている資料の救出、保全の仕事へ専門職がどう関与しているのか、そこにおける歴史的公文書の保全と活用に向けたさまざまな活動について、大きな歴史的背景にも触れながらお話しします。そして現場で求められている専門性や、専門職にネットワークが必要なことを述べていきます。

二　歴史資料とは何か――文書館・博物館・図書館の仕事から考える

日本の法律で見ると、図書館法における図書館の機能は図書資料収集と閲覧、博物館法における博物館の機能は美術・学術的資料の収集・保管および展示、公文書館法における公文書館・文書館の機能は歴史資料の保存、閲覧、調査研究となっています。しかし国語辞典で調べると、実は公文書館・文書館は立項されていません。ある一冊の辞典だけが、別の項目で公文書館に言及しています。

日本の歴史資料保存利用の歴史から見ると、公共施設で古文書や公文書の閲覧公開を初めて行ったのは、一九〇七年（明治四〇）の山口県立山口図書館ではないかと私は考えています。廃藩置県の際、長州藩の藩庁文書は山口県庁に移管されましたが、当時は情報公開や公文書閲覧の規定がないので、収蔵庫でそのまま保管されていました。一九〇〇年（明治三三）に図書館令という公共図書館をつくるための法律ができました。一九〇七年、公衆の参考として利用するために、山口図書館は防長風土注進案（江戸時代の地誌）と萩藩閥閲録（長州藩家臣団の由緒書集成）を山口県庁から受託されました。この二つの古記録を山口図書館で閲覧に供したのが最初だと思われます。

一九一〇年代の大正期になると、図書館界で古文書を含む郷土資料に関心が向き始めました。一九三三年（昭和八）に図書館施行規則の中央図書館の項で、初めて「郷土資料」という文言が出てくる。この頃から図書館に郷土資料室の設置が本格化したと考えられます。

戦争をはさんで、一九五一年（昭和二六）に文部省史料館（現在の国文学研究資料館）が設置され、散逸のおそれがあった古文書を保存利用する国の施設ができた。そして一九五四年（昭和二九）、前述の山口図書館内に文書館が初めて設置されます。日本における文書館の歩みの始まりです。それと同じ一九五〇年代の図書館界では、古文書を中心とする郷土資料の取り扱いが活発に議論されました。

一九六三年（昭和三八）、図書館界で古文書だけでなく最近の資料も「郷土の資料」として重視しようとの発言が出されました。同年の日本図書館協会編『中小土地における公共図書館の運営』発表が契機となり、図書館の郷土資料が批判的検討の対象となりました。また一九六四年（昭和三九年）には、日本各地の古文書類を一括収集して旧帝国大学に設置する施設で保管しようとする「日本史資料センター」構想が露見し、全国の地方史研究者が反対運動を展開しました。この運動の成果として、地域の歴史資料（古文書）の保存法をつくろうという日本学術会議の勧告も行われました。このように一九六〇年代は、どこの施設が古文書を取り扱うべきか、図書館か、文書館か、という議論が展開された時期です。そして図書館ではなく文書館という独自の組織・施設が必要だという意見が次第に出てきました。

一九六〇年代から八〇年代にかけて、自治体史編纂の過程で古文書や公文書の調査が山のように行われ、それらの資料の重要性が社会的に知られるようになりました。神奈川県では一九六七年（昭和四二）に県史の編さん事業が始まり、私の恩師も加わって全県域に及ぶ古文書の悉皆調査が展開されました。一九八七年（昭和六二）に公文書館法が成立し、一九九三年（平成五）に神奈川県公文書館が開館しました。

一九八〇年代以降、特に市区町村で博物館の設立が本格化します。従来の博物館は考古や古美術などのイメージが強くありました。しかし一九八三年（昭和五八）、千葉県佐倉市に国立歴史民俗博物館ができたことを一つの契機に、博物館における歴史資料の取り扱いという問題が大きくなり始めます。博物館で古文書や歴史資料を扱う職員が増えて、図書館の郷土資料室や、文書館・公文書館の古文書部門と同じような仕事に携わるようになりました。

一九九三年開館の松戸市立博物館は、一九六〇年代公団住宅団地の二DK住居を復元展示したことで有名です。現代史が市町村の博物館の中で重要なテーマになり始めました。一九九八年（平成一〇）には国立公文書館が所蔵する近代の公文書が重要文化財に指定されました。

二一世紀に入り新潟中越地震があった二〇〇四年（平成一六）、内閣府は「文化遺産」を守ろう、現代のさまざまな生活資料を「文化財」とは言わずに「文化遺産」として捉えて残していかなければならないと言い出しました。これに文化庁も追随します。また新潟中越沖地震が起きた二〇〇七年（平成一九）には、国立国会図書館が地域資料に関する調査報告を出しました。

二〇一一年（平成二三）、東日本大震災が起きたその翌月に公文書管理法が施行され、歴史的に重要な公文書等の永久保存が明記された。同じ年、山本作兵衛の記録画が日本初の世界記憶遺産になった。ここで多くの日本国民は、世界記憶遺産（世界の記憶）という存在を初めて知りました

このように歴史資料としてイメージされる対象は、古文書から出発しながらも、この数十年間に少しずつ変化・拡大してきていました。その変化は、歴史博物館で茅葺きの古民家に代わって二DK団地の間取りが展示物として登場した点に象徴されます。初期のパーソナルコンピュータ展示はもはや珍しくありません。いわゆる「戦後」が歴史になった。そして現代資料に対する保存意識が現れてきた。

それとともに、図書館、博物館、文書館という施設や機能の伝統的な理解、あるいはそこで保存、保管される資料のイメージが徐々に変化しつつあります。従来のイメージの資料に加え、今まで想定外だった新たな資料群が現れて、その保存への対応が問題になっている。現代資料の取り扱いはその一つです。

社会の要請による業務の変化・拡大というのもあります。英語辞書からの引用ですが、ライブラリアンとは図書館のマネジメントに従事する者と書かれています。キュレーターの仕事は、展示と展示に関わる調査研究です。アーキビストとは資料の収集、目録作成、保存に責任を負う者です。しかし近年はアーキビストの仕事として市民サービス、普及事業が世界的に検討されています。時代の推移により社会から求

められるものが変わってきているので、互いの協力関係も課題になっています。

残念ながら日本の各施設において、業務分化した専門職の配置は実現していない。学芸員は長らく「雑芸員」と自嘲してきましたが、現状も大きく変わりません。

三　福島県における歴史資料保存の一事例

私は茨城史料ネットの活動の一環で福島県の浜通り地域に通っています。私の恩師が、かつて磐城平藩領だったいわき市周辺の古文書調査を手がけていたので、それらの古文書の安否を確認したいと思ったのが一つの発端です。結論から言うと、一九七〇年代に調査された村方文書は津波の被害をほぼ免れていました。旧家の立地する場所は、そう簡単に津波が押し寄せてくるところではなかったのです。

私たちのような被災地で資料救出活動に携わる者は、災害発生時点を区切りにして資料を認識します。ここでは災害の発生より過去、災害の発生時より前に存在した文化財や文書記録とか各種資料を「被災資料」と呼んで、災害の発生時よりあとに発生した文書記録や電磁的記録などの資料を「災害資料」と呼びます。以下では、東京電力福島第一原子力発電所の事故で全町民の避難が続いている福島県双葉町における資料救出の話を申し上げます。

東日本大震災直後に文化庁が組織した被災文化財等救援委員会は、二〇一一年（平成二三）三月から「文化財レスキュー事業」を開始していたのですが、半年以上経った同年一一月にようやく原子力災害による旧警戒区域内の文化財救出について議論が始まり、方針が決まったのは翌年の九月でした。しかしそれ以前から、双葉町では資料館の学芸員の方が刀剣類や資料剝製など一部資料について独自に救出を始めていました。収蔵資料の環境悪化のほか、本来なら立入禁止のはずの旧警戒区域内で盗難が頻発していたからです。

二〇一二年（平成二四）の九月から一年半近くかけて、双葉町歴史民俗資料館の収蔵資料の搬出が行われました。その半年後の二〇一四年（平成二六）八月、旧家にあった古文書の救出活動が着手された。現在は救出資料の整理作業を開始したところです。

旧警戒区域内から救出した資料は、一件ごとに放射線量を測ります。地域住民の方が区域内から自分のものを持ち出す時の線量の上限は一万三〇〇〇ｃｐｍです。文化財レスキューの際の基準は一三〇〇ｃｐｍ。地域住民が持ち出す場合の一〇分の一と定められました。なお、双葉町が実際に持ち出す資料は六五〇ｃｐｍ以下です。

ある地区の公民館に神楽の衣装があったので、それらも線量を測って救出しました。この公民館は原子力災害時集合避難場所と定められていて、大震災当時も人々が避難して集合していた痕跡が残っていました。旧家の石蔵から救出した古文書の場合、収納箱には「常に土用干怠るな」と書いてありました。この家の先代の方がたいへん大事にされていた様子を痛切に感じました。

双葉町における災害資料は、二〇一三年（平成二五）六月、埼玉県加須市に当時置かれていた双葉町役場埼玉支所と旧騎西高校避難所の資料保全から始めました。それまで二年余り役場が保有してきた震災に関わるものは、もうすべて世界的に貴重な資料だろう、これを保全したいと学芸員の方は思っていました。私たちはそれをお手伝いし、現在は筑波大学で保管して資料の整理を続けています。また、この資料保全活動や資料の存在自体について、町民の方や町役場の方に理解をしてもらう必要があったので、紹介ホームページを構築しました。「双葉町、筑波大学、震災」で検索すると見つかります。

どんな資料があるのか。例えば公文書に関わる資料だと、役場の職員が作成したノートがあります。二〇一一年三月下旬の約一〇日間、双葉町と町民の方々は埼玉県のさいたまスーパーアリーナに集団避難していて、そこに臨時役場をつくった時の体制を書いた書類が貼ってある。二〇〇〇人の避難者がいて、子供たちのための自主学校が開かれていた、その記録もありました。今のところこの時期の記録が他に見つからないので、たいへん貴重です。避難所関係では、当時の生活がわかるような資料を保全しています。避難部屋の区割り、避難所内情報コーナーに貼ってあった手作りのチラシ入れ、避難所での炊き出しスケジュール、国内外から寄せられた千羽鶴などの支援・慰問品などです。このような双葉町における被災資料や震災資料の保全を行うには、文化庁をはじめ、数多くの行政機関、各種機関・団体、個人の支援が必要です。

でも、その出発点はどこかと言うと、双葉町の学芸員の方なのです。御自身もまた被災者でありながら、自分の勤務先である歴史民俗資料館の収蔵資料をどう救出・保全するか、それ以外にも町域に点在しているさまざまな文化財、文化遺産、歴史資料、古文書などの救出をどう行うべきかを悩まれていました。災害資料＝震災の記録をどう残すかということも被災当初から考えている。資料の意義をきちんとわかっていて、何とか保全したい、その方法は何だろうと常に考え、強い意志を持ち続けていたということです。

「大震災に被災して、資料館の最も重要な機能は資料保存であると、つくづく理解した」とは、双葉町教育委員会学芸員の方の言葉です。

災害資料と被災資料の関係は、過去の地域の姿を伝えるという点で考えれば被災地の問題に限りません。今どんどん地域の姿が変化していく、地域の文化が変貌していく中で、それらの変化を伝える資料をどうやって残したらよいのか考えることは、災害の場面に限らないのではないでしょうか。

四　二一世紀日本における歴史資料の専門職の課題

「二一世紀」と大上段に振りかざしたのは、今申し上げたとおり、従来の社会的枠組や社会環境というものが近年急速に変貌しつつあるという認識を私自身が持っているからです。

例えば江戸時代以来の旧家が伝えてきた古文書について、将来もその家が存続すれば古文書も今まで同様に伝えられていくかと言えば、そうとも言い切れないのが現在の状況です。また、新たな資料群の出現にどう対応するか。現代の資料、あるいは同じ出所を持つ〃もの〃資料と紙の文書記録と電子記録とを区別して保存管理することが果たして良いのか。図書館、博物館、文書館だったら、双葉町の避難所の千羽鶴などはどこが保存すべきだと思いますか？　従来の考え方だと博物館に行きそうです。しかしその際は、現行の博物館の資料収集方針にこれが合致するか否かが問題となる。

一つの例を挙げます。二〇〇四年（平成一六）に埼玉県で国民体育大会（国体）が開催された時、埼玉県庁の国体開催事務局は、一九六七年（昭和四二）に埼玉県で開催された前回の国体の関係文書を、事務局開設当初に埼玉県立文書館から参考資料として全部借りていきました。国体関係文書は一〇年保存の第二種文書でしたが、文書館は一九六九年（昭和四四）開館だったので一部文書の収集が辛うじて間に合って保存されたのです。

そして国体が終わると、事務局は借りた文書と一緒に、今回の大会の関係文書を移管してくれました。その中には文書だけではなく、大会に関連して作ったグッズ類もありました。コバトンというイメージキャラクターの人形とかシールとか全部。非現用になったら、行政に関わって行われた施策の成果物として文書館に来たのです。収集にあたっては、資料の形態で区別してはいけないことがわかります。

このような状況を目の当たりにする時、歴史資料の専門職と呼ばれる人たちは仕事の上で、もはや従来の知識だけでは間に合わなくなっていると思い当たります。もっと広い視野を持ち、その視野から情報を収集する手段を新たに持つことが望まれる。もちろん、自分の専門分野の知識も更新したいです。

でも一人でできることには限界がある。困難な局面で時に心が折れそうになることもあります。そのとき周りで支えてくれる人たちがいれば立ち直れそうです。自分の手に余るような問題や事態が発生した時は、外部に支援を求めて課題を共有するのが一番です。そういう時にネットワークが必要なのです。神奈川県の神史協も、そのような機能や活動を期待されたネットワークだと思います。

ここでネットワークが失われた場合の事例を紹介しておきます。茨城県では、かつて市町村を会員とする茨城史料協（茨城県市町村史料保存活用連絡協議会）が活動していました。一九八三年（昭和五八）に「茨城県市町村史編さん連絡協議会」として発足、のち改称して、会員相互の研修と情報交換のため研究会や講演会を開催しました。しかし茨城史料協は会員市町村の減少等で二〇〇九年（平成二一）に活動停止、その機能を継承する組織は現在もありません。

東日本大震災の発生当初、茨城史料ネットは県や県下市町村との連携に苦労しました。神史協や茨城史料協のような組織は現在も十数団体が活動しており、災害時に自治体の枠組みを越えて情報交換と救出活動を支援する行政の連携組織としても機能しています。もし茨城史料協が存続していれば、被災時の茨城県内における被災資料の救出活動は自治体間の連携の元で、より円滑に進んだのではないかと想像します。

五　おわりに

さて、歴史資料の専門職に求められることは、多様な資料の意義を認識する視野と専門知識、そしてやり遂げるという意志であると述べました。ただ、そう言いながらも私自身、疲れない、燃え尽きない程度にやっていきたいと思います。かつて私の恩師が言いました。仕事は忙しいだろうけど、専門職・研究者としてやり続けるのなら、月に一日だけ、自分が研究に向き合う日を作りなさいと。だから月に一日くらい、自分の仕事を考える時間が持てると良いのでしょう。

それから、専門分野の会合や資料保存利用などの研修会などにあちこち出席して、多くの人と知り合って話を交わすことをお勧めします。専門職であるなら、その専門分野が好きなはず、好きで始めたはずです。好きであり続けるということは大事だと思います。そのように一所懸命やっている専門職の人を、館内外の周りの人たちがサポートできると良いのです。神史協や全史料協（全国歴史資料保存利用機関連絡協議会）などのような組織・団体は、そのために必要です。

今日の話で皆様方の参考になる部分があれば幸いです。御静聴ありがとうございました。

第一一章　現代日本の資料保存をめぐる動向
――二〇一一年の画期性の検討から

一　課題設定

日本国内で、歴史上その他の価値判断により永久保存等が必要な重要資料（以下、資料）の保存をめぐる意識、考え方や議論は、二〇一一年（平成二三）頃を画期として大きく変化していった。後年の人々はそう評価するかもしれない。

日本の資料保存における二〇一一年は、三月一一日の東日本大震災の経験と、四月一日の公文書管理法施行の二点によって大きく意義づけられる。それぞれこの二年あまりに多くの論考や発言が公表されてきた。二〇一二年（平成二四）一一月に開催された全国歴史資料保存利用機関連絡協議会の第三八回（広島）大会でも、被災地における資料の救出・保全と公文書管理法施行を受けた自治体の公文書管理のあり方が共に議論された。しかしその多くは、直近の一～二年に起きた事態への対応にとどまると言わざるを得ない。

現在の被災地における資料の救出・保全は、一九九五年の阪神・淡路大震災以来の課題への対応である。

また公文書管理法の施行は、二〇世紀第3四半期からの歴史資料保存運動および同第4四半期における情報公開法制定運動を底流に持つ。これらを総合的に理解することにより、二〇一一年は初めて資料保存活動の歴史上に意義づけられると言えよう。本章はそれらの動向を要因や背景との関連で論じ、現場の視点から展望することを目的とする。

二 東日本大震災の経験

大災害に被災した資料の救出・保全は、それ以前にも各地で個別の試みが行われていたものの、本格化するのは一九九五年（平成七）の阪神・淡路大震災からである。この画期性は、日本歴史上前例のない規模で民間ボランティアが被災地へ入り、資料の救援活動においても活躍したことにある。

一方で顕在化した課題は、被災地の中で救出すべき資料がどこにあるかわからなかったこと、民間ボランティアと行政との連携が不十分だったこと、発見された資料に対して所蔵者等が価値を見出さない事例があったこと、そもそも資料救出・保全に必要な知識が関係者に共有されていなかったこと、等であった。

その後、被災地における資料の救出活動は、一部に公文書を含むが多くは民間所在の資料を中心に進められた。一九九五年、資料救出のボランティア組織である歴史資料ネットワークが神戸で結成され、現在は資料救出・保全活動の中核となって、日本全国の被災地で結成された同様の組織を支援し続けている。この過程で資料救出のための知識や、地方自治体とボランティア組織との連携をめぐる経験が蓄積されていった。

二〇一一年三月三〇日、東日本大震災への対応として、文化庁は「東北地方太平洋沖地震被災文化財等救援事業（文化財レスキュー事業）」を策定した。これは文化財保護法に基づき、被災地で行政と民間ボランティアが連携して資料の救出にあたるスキームである。救出対象は「文化財等」と規定した。これは、指定文化財のような確定した価値にとらわれず、現場で必要と判断された資料を何でも救出するためである。一方で新たに浮上した課題もあった。今回の大震災では津波被害が甚大であったが、津波被災資料の取り扱いは、国内に全くと言っていいほど経験がなかった。これまでも水害に被災した資料には真空凍結乾燥（フリーズドライ）による水分除去処置を施す経験が蓄積されており、宮城・岩手両県をはじめ各被災地で現在も資料の復原作業が続いている。

もっとも、今回明らかになったことだが、海水は真水と異なり、濡れたあとの紙資料を真水のように固着させず、乾いても一頁一頁を開くことができた。そのため軽微な水損資料は現地で乾燥させて保全した事例もある。一方、臨海工業地域等で津波被災した資料には湾内の海水に含まれる有害物質が付着した可能性があり、救出後の処置に慎重を要する場合があった。

また、今回の津波では行政機関・事業所共に施設ごと壊滅的打撃を受け、保存管理されてきた文書・記録類が失われる事態が続出した。このリスクを回避するため、重要な文書・記録類のコピーやデータを分散保管する必要が認識された。しかも福島第一原子力発電所の事故では広範囲に立入禁止区域が設定されたので、安全な分散保管の範囲は数百キロメートル規模が必要であると認識させられた。

このように東日本大震災の経験は、以下の点で資料保存における画期をなした。一つは、行政と民間ボランティアの連携を軸とした被災資料の救出態勢を整備し、現地で必要と認識された資料は積極的に救出する意識を浸透させたこと。もう一つは、重要な文書・記録類に対する分散保管の重要性を強く認識させたことである。

三　公文書管理法施行の影響

二〇〇九年（平成二一）七月一日に成立をみた公文書管理法は、二〇一一年（平成二三）四月一日から施行された。資料保存の観点から評価すべきこの法律のポイントは「レコードスケジュール」の導入と歴史的に重要な公文書等の保存措置である。

これまでの一般的な文書管理では、保存年限満了まで文書庫で保管された文書は、第一種を除き原則廃棄されてきた。二〇世紀第三四半期以来の歴史資料保存運動で、行政機関や企業の廃棄文書の中に歴史的価値が発見され、それらの収集と保存活動が着手された。二〇世紀第四四半期には地方自治体で情報公開条例が導入され、説明責任としての開示・閲覧業務が求められた。現在の公文書館や企業資料館は、それらの運動や活動の成果である。保存利用業務の類似性から、図書館や博物館との複合施設で公文書館が設置された例もある。

だが廃棄文書の収集の現場では、保存年限満了時に廃棄予定文書のリストを点検して廃棄直前の文書を保存部署へ移管する、古紙再生業者が搬出する直前に積まれた廃棄文書の山へ文字どおり分け入って必要な文書を拾い上げる、等の作業が長年行われてきた。また「消えた年金記録問題」等が示したとおり、保管されている文書・記録類をチェックする機能も不十分だったので、肝心な時に説明責任が果たせない事態を招いていた。

この状況を改善するため、公文書管理法は歴史的に重要な公文書等をすべて国立公文書等の保存部署へ移管するよう規定し（第八条）、文書の収受・作成される段階で移管か廃棄かの判断を求めた（第五条）。これを「レコードスケジュール」と呼ぶ。そして移管された公文書等には永久保存が義務づけられた（第一五条）。さらに、公文書管理法は国の省庁および独立行政法人等が対象だが、地方公共団体にも法の趣旨に基づく努力義務が課せられた（第三四条）。

以上の規定は、公文書のみならず日本国内の文書管理システム全般へ影響を与え始めている。特に、廃棄文書の中から永久保存資料を評価選別する業務は従来のレコードマネジメントに十分位置づいておらず、文書管理システムの再検討や新たなビジネスチャンス等を促進している。資料保存の観点からは歴史的に重要な公文書等の永久保存への対応が急務で、これを機に関連施策の検討を着手した自治体もある。

しかし日本国内で一斉に条例整備や公文書館施設の建設が進むとは思えず、今のところは現行のシステムや文書庫で可能な改善が模索されている。例えば、現行の文書管理規程に永久保存資料の評価選別に関する規定を設け、担当部署を決めて業務にあたらせることは、以前から取り組まれてきた。また、さしあたり現在の文書保管庫の中に永久保存資料の特別スペースを設け、そこで中性紙保存箱に収納保管する方法も考えられる。

デジタル文書の管理については、行政機関より事業所等の取り組みが遥かに進んでいるが、その永久保存方策はどうだろうか。近年はコストダウンの観点から、各組織が自らの保存媒体を持たないクラウドコンピューティングシステムが導入されつつある。しかし資料保存の観点からすれば、セキュリティや永久保存の確実性の点ではなお躊躇する部分がある。今後のマイグレーション等へ対応する態勢も果たして十分と言えるだろうか。

このように公文書管理法施行は、日本国内の文書管理システムに対する重要資料の評価選別および永久保存という取り組みを提起した。そして、これまでの文書（紙文書）に対する永久保存措置、現行の文書管理システムの見直し、デジタル文書の永久保存等について検討が進みつつある。

四　まとめにかえて

以上、二〇一一年（平成二三）を画期と考えた資料保存をめぐる動向について、東日本大震災の経験と公文書管理法施行の二点から論じてきた。どちらの要因でも、従来の保存システムに対する再検討と物理的な保存対策の両側面が求められ、取り組まれていると言えよう。

このような日本国内の動向の意義を考える上で、国外の状況は参考になる。二〇一二年（平成二四）八月、国際文書館評議会（ＩＣＡ）の大会がオーストラリアのブリスベン市で開催され、私は国立公文書館が組織した日本チームの一員として参加した。日程の合間に、私たちは会場からほど近いクィーンズランド州の州立公文書館を訪問し、施設を視察する機会を得た。最後に、この時の知見から資料保存に関わる話をいくつか紹介する。

バックヤードの見学が始まって収蔵庫の中へ入った時、最初に目に止まったのは天井に張り巡らされたスプリンクラーだった。周知のとおり、日本国内における資料保存機関の防火設備は長らくハロゲンガスが主流だったが、オゾン層保護のフロンガス対策により廃止された。同館のアーキビストに私は「資料がスプリンクラーの水で損傷することに不安はないか」と質問した。彼女の答は「心配ない、水損した資料は復原すればいい」だった。実は、ブリスベン市などクィーンズランド州は過去たびたび大水害に見舞われた地域があり、そのため真空凍結乾燥などの紙資料復原技術が普及していたのである。

文書庫では、酸性劣化が進む古い資料が中性紙で包まれて保存されていた。また、撮影室ではマイクロフィルム撮影台とスキャニング機器が並んで置かれていた。ここで私は「近年はデジタル媒体による保存が主流だが、マイクロ撮影は将来的に見直す予定があるか」と質問した。彼女の答は「マイクロ撮影は今後も継続する、デジタル化は重要な資料について実施している」だった。利用度の高い資料がデジタル化されているようである。

アーカイブズの世界において、オーストラリアはデジタル文書管理システムの国際モデルを提供した先進国だが、資料保存の面では伝統的な方法を基本に置いていた。ここには「原資料を可能な限り安全・確実に後世へ伝えていく」という人々の強い使命感が感じられる。大きく変化しつつある日本の資料保存でも、業務に携わる人々がこの意識を持ち続けることを強く期待したい。

【参考文献】
白井哲哉「日本の地方自治体における公文書管理制度の整備と公文書館の設置へ向けた取り組み」(『アーカイブズ』四八号、二〇一二年、三七～三九頁)。
白井哲哉「地域における被災文化遺産救出体勢の構築と課題」(『国文学研究資料館紀要アーカイブズ研究篇』九号、二〇一三年、四三～六七頁)(本書第三章)。

白井哲哉「ＩＣＡ（国際文書館評議会）ブリスベン大会　地方公文書館部会（ＳＭＬＴ）参加記」（『記録と史料』二三号、二〇一三年、四六～五〇頁）。

第一二章　災害アーカイブを考える

災害アーカイブとは何か。その課題は何か。本書の最後に、言葉をめぐる問題を含めて整理しよう。

一　災害アーカイブという言葉

アーカイブとは英語の archive に由来するカタカナ言葉である。ウェブスター辞典第3版（一九六一年）（以下、英語の典拠は本辞典による）を見ると、名詞形の archive の意味は①組織的に保存された公的あるいは組織の記録の保管所、②公的あるいは組織の記録、歴史文書その他保存されてきた資料、とある。archive の語義には資料と保存施設の両方の意味が含まれており、日本では複数形のアーカイブズで同じ意味に用いる。日本の現状に即して言えば、①は行政文書など組織体の文書や民間資料（古文書など）を包括したアーカイブ資料、②は文書館・公文書館・資料館を包括したアーカイブ施設と言い換えることが可能である。

福島県立博物館は、東日本大震災に伴って発生した建物の損壊、火災や津波等の被害、原子力発電所事故に関わる記録など福島県における震災被害の関係資料を「震災遺産」と提唱する。同館の高橋満氏は、考古学における資料区分を応用して「震災遺産」を「モノ」＝遺物と「バショ」＝遺構に分けた。そして、前者を瓦礫、「震災後に登場した物品」、「震災で意味を失った震災以前の物品」に細分し、後者を自然災害の痕跡と述べた[1]。前者の「震災遺産」は前述のアーカイブ資料と理解できる。しかしながら本書で取り上げた茨城県常総市の水害をはじめ、各地で頻発する各種災害を幅広く包括する際は「震災」よりも「災害」を用いる必要がある。

奥村弘氏は「大災害そのものを未来に伝えるさまざまな資料」を「災害資料」と呼び、大地震については特に「震災資料」と呼んだ。一方で「被災した地域の歴史を明らかにするための歴史資料」を「被災歴史資料」と呼んだ[2]。もっとも被災した資料の中には地域の歴史のみならず現在の行政や社会等を解明できる資料も多いので、本書では「被災資料」の語を用いている。ここで災害の発生時を起点に、災害以前に存在して被災した資料全般を「被災資料」、災害後に発生して被災の実態や復興過程を物語る資料全般を「災害資料」と、二つに区分して理解することができる。「被災資料」と「災害資料」は一体ではないが不可分の存在である。奥村氏は「水損等で大きな損傷を受けた『被災歴史資料』は、それ自身、災害の記憶を伝える『災害資料』でもある」と指摘した。高橋氏も「震災遺産」の中に震災後の資料物品と震災以前の資料の両方を位置づけている。

動詞形の archive の意味は、前述の保管所などで記録や文書をファイル（綴じ込んで保管）または収集すること、である。したがって「被災資料」「災害資料」のアーカイブ資料に対する救出・保全のための諸活動が、本書で論じてきた災害アーカイブの意味である。この考え方は、二〇一四年（平成二六）に経済産業省の下で開催された「福島・国際研究産業都市（イノベーション・コースト）構想研究会」による「福島県浜通り地区の地域再生方策の中のアーカイブ拠点」の検討報告にも見られる。ここでは「震災、原子力災害の実態と復興への取り組みを正しく伝え、教訓として国を超え世代を超えて継承・共有していくためには、記録や資料の収集・保存、調査・研究、情報発信・展示、教育・交流・人材育成の機能を有する拠点が必要」と述べると共に、「原災地域やその周辺に存在する独自の伝統や文化が避難指示の長期化と住民の定住先の選択によって失われつつあり、これらの伝統や文化の継承も必要である」と明記する。[3] これは「被災資料」「災害資料」を共にアーカイブするという方針そのものである。

archiveの専門職であるarchivistの説明を確認すると、収集collection・登録cataloging・保存preservationが主な仕事に挙がっている。近年はこれに加えて市民サービスにも関心が寄せられている。[4] 本書の内容に即して言えば、被災地における「被災資料」の救出（資料レスキュー）と「災害資料」の保全、各種資料の整理及び目録作成、修復及び資料返却を含む保存措置、目録の公表や展示会・講演会などによる所蔵者や地域住民等への還元、となる。これが災害アーカイブの具体的な営為である。

災害アーカイブと聞くと、国立国会図書館の東日本大震災アーカイブ「ひなぎく」を連想する方も多いだろう。これは散在する震災関係のデジタルデータを「一元的に検索・活用できるポータルサイト」として二〇一三年（平成二五）に公開された。「ひなぎく」と連携するデジタルアーカイブのデータベースである二〇一五年（平成二七）公開の「郡山震災アーカイブ」[5] の場合、福島県郡山市が保有する画像・文書記録・ホームページ等を公開している。その中には郡山市内に避難していた双葉町役場郡山支所や富岡町役場の資料もある。

第四章附で震災資料の紹介ホームページを提示したように、災害アーカイブ情報の発信や活用においてデジタルアーカイブの有効性は明らかである。実物資料である「被災資料」「災害資料」の救出・保全活動を論じた本書では、この問題を展開することができなかった。今後の課題としたい。

二　災害アーカイブの課題

災害アーカイブの課題について、ここでは救出・保全された資料の調査研究と成果公表、資料の保管場所の確保、今後の災害アーカイブ活動に携わる人材の育成の三点を指摘したい。

消滅の危機に瀕した資料を救出・保全し、将来にわたって保存活用していくためには、保全された資料に対する調査研究とその成果の公表を行い、それらの資料の意義や価値を発信し続ける必要がある。単に保全しただけでは、災害の記憶が風化するにしたがって関心も薄れていかざるを得ない。中長期的な構想を描きつつ地道な取り組みが求められる。

「被災資料」の場合、すでに各地の資料保存ネットワークが資料の調査研究とその成果の公表へ積極的に取り組んできた。茨城史料ネットの取り組みは本書第五章などで述べたとおりである。また西村慎太郎氏や泉田邦彦氏らは福島県浪江町で大字請戸関係資料の保全活動を展開し、その成果を大字誌として編集・刊行すると共に、成果報告のシンポジウムを開催した。[6] [7] 大字誌の編さんは既に歴史資料ネットワークも取り組んできたところである。これらの地方史・地域史活動への貢献と共に、歴史学界全体に対する研究上の発信にも期待したい。

「災害資料」の特徴は、それが正に現在の資料である点である。管見の限り現代史研究において二〇一〇年代は未着手と言って良いだろう。そうであればこそ「災害資料」は社会学、行政学、文化人類学、情報学、そしてアーカイブズ学などの学術分野における調査研究が望まれる。筆者は現在、原子力災害の被災自治体で「災害資料」アーカイブに協力しながら、二〇一一年三月一一日夜から翌一二日朝にかけて作成された各自治体の資料の所在調査を行っている。これらの調査研究が進んだ暁には、世界各地の原子力発電所においてリスクマネジメントの検討材料となるかも知れない。全町避難を強いられた方々の記録は、今後の非常時に直面した地域コミュニティの対応方法を示唆するかも知れない。

資料の保管場所の確保すなわち災害アーカイブ施設の問題は、復興後の現地における保存の可否が一つの分岐点となる。第五章における鹿嶋市の場合は、所蔵先の龍蔵院が存続しているので現地での保存が可能である。しかし全町民が避難し、町域の九六％が帰還困難区域である福島県双葉町の場合は、今のところ現地に保管施設を確保できていない。その一方、一部地域を除いて町民の帰還が可能になった福島県富岡町は、二〇二〇年度に町の災害アーカイブ施設を建設する計画を進めている。(8)そこでは過去・現在・未来の町の歴史をつなぐため、「被災資料」と「災害資料」が共に収蔵され展示等の活用に供される予定である。

近年の被災地全体を見渡せば、実は、せっかく救出・保全された資料の新たな保管場所に苦労する例が少なくない。救出した資料群が再び危機に瀕する恐れすらある。そもそも近年は、被災地に限らず日本各地の博物館・文書館・資料館・図書館等の資料保存施設に対し、市民からの資料寄贈・寄託に関する相談が増加してきたと感じている。その中心は旧家に残された近世から近代戸長役場期までの地方文書群だろう。だが明治も一五〇年、大正も一〇〇年を超えた現在は、二〇世紀前半からの個人資料や団体資料のほか二〇世紀後半に流出した地方文書を収集する個人コレクションも少なくない。

この事態を招いた要因に、二〇世紀末から本格化した「家」の消滅傾向を考えないわけにはいかない、と筆者は思っている。この百数十年間を、あるいは遅くとも一八世紀頃から数百年続いてきた経営体としての「家」は、経済のグローバル化とデジタル技術革命の影響で、いま構成員である家族の住まいとしての家屋もろとも存立基盤が揺るがされている。そして「家」と共に家屋が消滅する時、その中に居場所を得てきた右のような多種多様の資料が追い出され、行き場を失っているのが現状だろう。それが被災地で顕著に起きているのである。これは最早個別の努力では対処できない、日本社会の記憶と記録の継承全体に関わる問題ではないか。

地方文書群の場合、もともと現在の所有者の私有物ではなく市制・町村制以前の行政文書で、現在の市町村役場に移管されるべきだった文書群である。実際、第七章で取り上げた茨城県常総市の水損行政文書の中には、旧町村役場から移管された近世の検地帳類が含まれている。これらを含め資料全体の公共性を評価して何らかの保存措置が執られるよう、多くの知恵を集める必要がある。当面は一時保管場所の移転を繰り返してでも解決方法を探していきたい。

今後の災害アーカイブ活動に携わる人材を考える際、〝地方消滅〟[9]と近年呼ばれる少子高齢化および大都市への人口流出問題を考えなければならない。山間部など「限界集落」が顕在化する人口減少地域では、いまや地域住民だけによる資料の保存や伝統行事の継承が困難になりつつある。

ここで興味深いのは、資料救出活動への参加者の動向である。第三章で触れたとおり、茨城史料ネットが北茨城市平潟における保全資料の整理作業を二日間行った際、延べ約八〇人の参加者の半分以上が茨城県で生まれた、育った、学んだ、住んだ、勤めた等の、何らかの〝縁〟を感じる人々で、その多くは歴史資料の専門知識を特に持っていなかった。また第四章における双葉町の帰還困難区域から救出された資料整理の参加者は、明らかに福島県関係（出身・居住）者が多かった。これらの参加者の心中には、資料の学術的価値への興味とは関係なく「地域にとって大事だと思うから守ろうと思う[10]」素朴な動機によるのだろうと筆者は受け止めている。〝縁〟ある人々をはじめ外部からの応援をどのように受け入れるべきか、検討や調査を行う時期に来ていると思われる。

ここで想起されるのは、第一〇章で触れた「文化遺産」という言葉の登場である。内閣府が提唱した「地域文化遺産」は「価値の大小に関わらず」「地域の核となるようなもの」と定義される[11]。すなわちユネスコが「世界遺産」で用いた意味とは異なり、歴史的・文化的価値の定まった対象を「文化財」「歴史資料」と呼ぶのに対し、「文化遺産」は言わば「文化財」「歴史資料」の外縁部に位置して価値が定まらないがより地域に近しい対象を呼ぶようである。この理解が正しければ、災害アーカイブ資料のイメージは「文化遺産」に近いと言えよう。

今後のアーカイブ活動は、一方で前述のとおり資料の意義や価値を解明する努力を重ねつつ、他方では過去から現在に至る人々の過去や現在にできるだけ資料を近づける方策を考える必要がある。遠く離れていても〝縁〟を感じる「モノ」や「バショ」へ集まってくれる人々を、迎え入れる態勢の整備が求められている。

一九六〇年代から七〇年代にかけて戦後資料保存利用運動[12]を牽引した木村礎氏は、その晩年に「文書保存というものの意味は、歴史学だけじゃなくてもっと広いんですけどね。戦後歴史学の最高の成果ではないかと思っています」と発言していた[13]。現在の災害アーカイブ活動の担い手は、「被災資料」「災害資料」

に関する専門研究者や専門的職員を核に据えつつも、従来の地方史・地域史研究者等にとどまらない多様な人々を集めて展開している。ここに現れている潮流が従来の歴史資料保存利用運動といかなる接点を持つのか否か、注視していきたい(14)。

注

(1) 高橋満「ふくしま震災遺産保全プロジェクトについて」(二〇一八年度国内フォーラム報告書『福島の震災遺産と震災アーカイブズの構築』科学研究費補助金基盤研究(A)「防災と被災地復興の基盤を形成する地域災害資料・情報学び構築」研究グループ(二〇一九年))、本章における高橋氏の発言は本文献を参照した。
(2) 奥村弘「なぜ地域歴史資料学を提起するのか」(奥村弘編『歴史文化を大災害から守る――地域歴史資料学の構築』東京大学出版会、二〇一四年)、本章における奥村氏への言及・引用は本文献による。
(3) 白井哲哉「原子力災害被災地におけるアーカイブ事業の一考察――MLA連携の観点から」(『MUSEUM STUDY』明治大学学芸員養成課程紀要』三〇、二〇一九年)。
(4) 白井哲哉「ICA(国際文書館評議会)ブリスベン大会　地方公文書館部会(SMLT)参加記」(『記録と史料』二三号、二〇一三年)。
(5) http://shinsai.koriyama-archive.jp/
(6) 『大字誌ふるさと請戸』(蕃山房、二〇一八年)。
(7) 人間文化研究機構広領域型研究プロジェクト国文学研究資料館ユニット主催シンポジウム「福島県浜通りの歴史と文化の継承――『大字誌ふるさと請戸』という方法」(会場せんだいメディアテーク、二〇一八年一〇月一三日開催)。
(8) 注(3)に同じ。
(9) 増田寛也編著『地方消滅――東京一極集中が招く人口急減』(中公新書、二〇一四年)、山下祐介『地方消滅の罠――「増田レポート」と人口減少社会の正体』(ちくま新書、二〇一四年)を参照。
(10) 本間宏「東日本大震災と歴史資料保護活動」(国立歴史民俗博物館編『被災地の博物館に聞く――東日本大震災と歴史・文化資料』吉川弘文館、二〇一二年)。

（11）白井哲哉「地域の記録を再評価する」（白井哲哉・須田努編『地域の記録と記憶を問い直す――武州山の根地域の19世紀』八木書店、二〇一六年）

（12）白井哲哉「民間史料から文書館・公文書館をとらえ直す―問題提起として―」（『地方史研究』三一四号、二〇〇五年）。

（13）木村礎「戦後史料保存事始」（『埼玉県地域史料保存活用連絡協議会会報』二七号、二〇〇一年、一～九頁）を参照。

（14）小松寿治「『公文書管理法』をめぐる動向と資料保存」（地方史研究協議会編『歴史資料の保存と地方史研究』岩田書院、二〇〇九年）は、かつての「歴史資料保存法」のような民間アーカイブ資料の保存活用法制度に関する議論を提唱している。

あとがき

二〇一一年三月一一日から八年が経過しつつある。二〇一八年は日本各地で各種の自然災害が頻発した年だった。一方、福島県の原子力災害被災地では住民帰還が始まり、県や町の震災アーカイブ施設整備も始まった。自身の体調変化もあり、今までの論考や報告等をまとめようと考えた。それゆえ、各章には内容の一部に重複がある。

本書はアーカイブズ学の専門書としてまとめたのだが、改めて読み直すと歴史学の方法論が随所に用いられている。その意味で本書は二〇一〇年代日本アーカイブズ史の一コマを綴った本になったかも知れない。

本書で述べた活動の過程では、自らの不徳で多くの方々に多大な御迷惑をおかけしてきた。この場を借りて深くお詫びする次第である。その一方、各地の資料保存ネットワークの方々やアーカイブ活動の参加者各位にたいへんお世話になった。お一人お一人の名前を掲げることはできないものの、阿部浩一、泉田邦彦、牛米努、川上真理、高橋修、西村慎太郎、橋本直子、本間宏、吉野高光の各氏（五十音順）には特段の御礼を申し上げたい。ありがとうございました。これからもよろしくお願いします。

最後に、半ば諦めかけていた本書の刊行を強力に進めてくださった東京堂出版編集部の小代渉氏に深く感謝申し上げる次第である。

二〇一九年二月

白井哲哉　拝

なお本書は次の研究プロジェクトによる成果の一部である。

国文学研究資料館基幹研究「アーカイブズの保存活用システム構築に関する基礎研究」（研究代表者：大友一雄）、同「アーカイブズと地域持続に関する研究」（研究代表者：渡辺浩一）

科学研究費補助金基盤研究S「災害文化形成を担う地域歴史資料学の確立――東日本大震災を踏まえて」（課題番号26220403、研究代表者：奥村弘）

科学研究費補助金基盤研究A「防災と被災地復興の基盤を形成する地域災害資料・情報学の構築――国際比較の観点から」（課題番号17H00772、研究代表者：白井哲哉）

筑波大学図書館情報メディア系リサーチユニット「記憶資源」

初出一覧

序　被災と活動の開始

第一章　「『茨城史料ネット』の設立と資料救出活動――3・11から7・2へ」（『歴史学研究』八八四号、二〇一一年一〇月）

※初出時は現状報告として書いたものなので、論題を変更し、文章を過去形に改めるなど改稿した。内容はそのまま。

第二章　「茨城における大震災被害と歴史資料の状況」（『関東近世史研究』七〇号、二〇一一年一〇月）

※内容はそのまま。文章は必要最小限の修正にとどめた。最後に参考写真を付した。

第一部　災害アーカイブの実践

第三章　「地域における被災文化遺産救出態勢の構築と課題――茨城県・福島県の事例から」（『国文学研究資料館紀要アーカイブズ研究篇』九号（二〇一三年三月）

※内容はそのまま。文章は必要最小限の修正にとどめた。

第四章　「原子力災害被災地における民間アーカイブズ救出・保全の課題――福島県双葉町における実践から」（『国文学研究資料館紀要アーカイブズ研究篇』一四号、二〇一八年三月）

※副題を修正した。内容はそのまま。文章は必要最小限の修正にとどめた。

附　「ホームページ『福島県双葉町の東日本大震災関係資料を将来へ残す』開設」（『記録と史料』二六号、二〇一六年三月）

※論題を変更し、二〇一九年一月までの内容を増補して改稿した。

第五章　新稿。ただし次の二編を踏まえている。

白井哲哉・高橋修・山川千博「茨城県内の被災資料救出活動救出・保全活動」のうち、「一　鹿嶋市龍蔵院における津波被災資料の救出活動」（筆者の執筆部分、『日本歴史』七六二号、二〇一一年一一月）

「被災した史料の救出・保全」のうち「2　津波による被災史料の救出・保全――茨城県鹿嶋市龍蔵院文書のレスキュー」（報告書『歴史文化遺産の保存と活用を考えるシンポジウム』、二〇一七年三月）

第六章　「被災の記憶と資料を未来へ伝える試み――双葉町の震災資料保全活動」（人間文化研究機構ブックレット『地

域歴史資料救出の先へ』、新しい地域文化研究の可能性を求めてVol.5、二〇一八年三月）
※論題を修正した。内容はそのまま。シンポジウム報告なので、文体はそのまま、文章は必要最小限の修正にとどめた。
第七章　新稿。

第二部　災害アーカイブから考える

第八章「フクシマから学ぶ歴史資料の保存と地方史研究――地域史研究講習会「災害と向き合い歴史に学ぶ」参加記」（『地方史研究』三五七号、二〇一二年六月）
※論題を変更した。内容はそのまま。一部加筆を行った。
第九章「原子力災害被災地における地域資料保全の現状と課題――福島県双葉町の事例から」（『明治大学図書館紀要図書の譜』二〇号、二〇一六年三月）
※次の文章に基づく加筆を行い、改稿した。
ホームページ「福島県双葉町の東日本大震災アーカイブズ」（旧「福島県双葉町の東日本大震災関係資料を将来へ残す」のうち「大震災と双葉町の避難」、二〇一五年四月）
第一〇章「資料保存・活用の現場における専門性の意義」（『神奈川県歴史資料取扱機関連絡協議会　会報』四二号、二〇一六年三月）
※初出時は講演録だったので、論題を変更し、大幅に改稿した。文体はそのまま。
第一一章「現代日本の資料保存をめぐる動向――2011年の画期性の検討から」（『薬学図書館』五八巻四号、二〇一三年一〇月）
※内容はそのまま。文章は必要最小限の修正にとどめた。
第一二章　新稿。ただし次の二編を踏まえている。

「被災した史料の救出・保全」（報告書『歴史文化遺産の保存と活用を考えるシンポジウム』〈二〇一七年三月〉のうち「4　課題と展望」）

「『震災遺産』と『震災アーカイブズ』」（報告書『震災遺産と震災アーカイブズの構築』、二〇一九年三月）

右のほか、全体に用語の修正・統一を行っている。

なお、本書に掲載した写真は、提供者記載のない限り筆者の撮影（委託を含む）した写真である。

【著者略歴】

白井哲哉（しらい・てつや）

1962年横浜市生まれ。浅野高等学校卒業。明治大学・同大学院で故木村礎教授に師事して日本近世史を専攻。埼玉県教育委員会の学芸員として文書館、博物館、文学館などで勤務ののち、2009年に日本アーカイブズ学の教員として筑波大学へ移る。2011年、茨城文化財・歴史資料救済・保全ネットワーク（茨城史料ネット）の結成に参画。現在、筑波大学図書館情報メディア系教授。博士（史学）。

【主要業績】

『地域の記録と記憶を問い直す——武州山の根地域の一九世紀』（須田努との共編、八木書店、2016年）
『『新編武蔵風土記稿』を読む』（重田正夫との共編、さきたま出版会、2015年）
「Exhibitions in local archives in Japan」『COMMA』2014-1/2（ICA、2015年）
『日本近世地誌編纂史研究』（思文閣出版、2004年）

災害《さいがい》アーカイブ——資料《しりょう》の救出《きゅうしゅつ》から地域《ちいき》への還元《かんげん》まで

2019年３月30日　初版印刷
2019年４月10日　初版発行

著　者　白井哲哉
発行者　金田　功
発行所　株式会社 東京堂出版
〒101-0051　東京都千代田区神田神保町1-17
電話　03-3233-3741
http://www.tokyodoshuppan.com/

装　丁　臼井新太郎
組　版　有限会社　一企画
印刷・製本　中央精版印刷株式会社

ISBN978-4-490-21004-0 C3000